JN058713

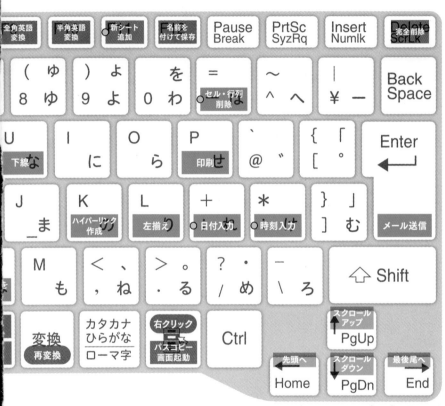

| 全角英語変換 | 半角英語変換 | 新シート追加 | F名前を付けて保存 | Pause Break | PrtSc SyzRq | Insert Numlk | Delete 完全削除 ScrLk |

```
(  ゆ    )  よ    を    =              ~      |       Back
8  ゆ    9  よ    0  わ   セル・行列削除      ^  へ   ¥  ー    Space
```

```
U   な      I      O      P                `      {  「      Enter
下線     に     ら    印刷せ   @  ゛  [  。
```

```
J   ま    K ハイパーリンク作成    L 左揃え    +  日付入力    *  時刻入力    }  ]  む    メール送信
```

```
M   も    < ,  ね    > .  る    ?  /  め    ー  \  ろ      ⇧ Shift
```

```
変換 再変換    カタカナ ひらがな ローマ字    右クリック パスコピー 画面起動    Ctrl    スクロール アップ ↑ PgUp
                                                        先頭へ Home    スクロール ダウン ↓ PgDn    最後尾へ End
```

※キーボードごとに異なります

ころに複製

母体キーの意味を覚えよう!

Ctrl ：最前面のアプリを扱う

Windows ：使用中のアプリとは関係なく
ウィンドウズそのものを操作する

Alt ：最前面のアプリのボタン操作をしたいときに使う

黄キー　Windows キーと一緒に押す

橙キー　Fn キーと一緒に押す
※キーボードごとに使い方が違います

黒キー　キー単体を押す

ショートカットキーMA

○：クローム、エッジ等用
○：エクセル用

閉/クリア	リボン開/閉	名前を変更		ア 約
Esc	F1	F2	F3	F4

半角/全角 漢字　|　! 1 ゆ　○書式設定　|　" 2 ふ　|　# あ 3 あ

Tab
アプリ切り替え ◄—|
タブ切り替え —|►

次マス
前マス

Q た　|　W て タブ閉

Caps Lock 英数

A 全選択 ち　|　S 上書き保存 と

Shift

Z 戻る つ　|　X 切り取 さ

Ctrl　|　Fn　|　⊞　|　Alt

ポイント
最前面を切り替える！

ポイント
↤⇥ マークの意味を
おさえよう！

ポイント
⇧ マークの意味を
おさえよう！

ポイント
Fn＝2つめの役割切り替え
　　スイッチ！

ポイント
アプリ起動もできる！
（例： Win ➡ E ➡ Enter ＝Excel など）

色分け説明　　青キー Ctrl キーと一緒に押す　　赤キー Shift キーと一緒に押す　　緑キー Alt キーと一緒に

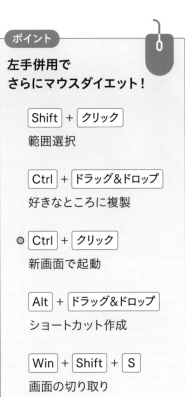

ポイント

左手併用で さらにマウスダイエット！

Shift + クリック
範囲選択

Ctrl + ドラッグ&ドロップ
好きなところに複製

○ Ctrl + クリック
新画面で起動

Alt + ドラッグ&ドロップ
ショートカット作成

Win + Shift + S
画面の切り取り

(キーボード上の表記)

F5　F6　F7　F8

カナ変換

アプリ終了

$ 4 / う う
% 5 / え え
& 6 / お お
, 7 /

エクスプローラ起動 い／中揃え
R す／右揃え
T か／新タブ ＋Shiftでタブ復活
Y ん

デスクトップへ移動／アドレスバーの選択
F は／検索
G き
H く

+Shiftで書式だけコピペ
コピー そ
V 貼り付け
B 太字 こ
N

無変換／カナ変換

チェックボックス オン/オフ
標準書式へ　半角スペース

ポイント

ショートカットキーの母体キーの特徴をおさえよう！

Ctrl ：最前面のアプリを扱う

Windows ：使用中のアプリとは関係なくウィンドウズそのものを操作する

Alt ：最前面のアプリのボタン操作をしたいときに使う
（例：オプション(T)= Alt + T ）

キーと押す

黄キー　Windows キーと一緒に押す

橙キー　Fn キーと一緒に押す
※キーボードごとに使い方が違います

黒キー　キー単体を押す

ショートカットキーM

○：クローム、エッジ等用
○：エクセル用

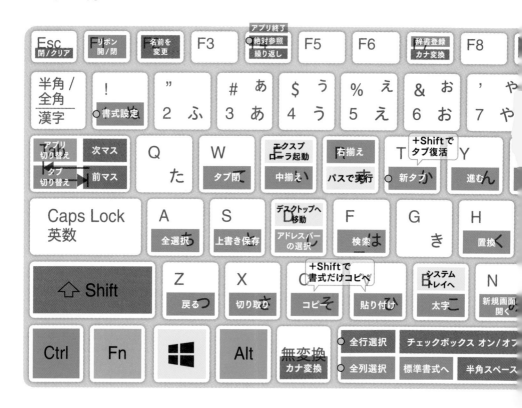

○ Ctrl + + / − ：セル・行列挿入／削除

Windows + Shift + S ：切り取り＆スケッチ

Ctrl + Shift + > ：文字を大きくする
（ < は小さくする）

Shift + クリック ：範囲選択

Ctrl + ドラッグ＆ドロップ ：好きなと

○ Ctrl + クリック ：新画面で起動

年間120時間の時短を実現した

50のテクニック

脱マウス

The Best Textbook for Mouse-Free Operation

最速仕事術

森 新
Mori Arata

ダイヤモンド社

これからの時代に必要不可欠となる「脱マウス」の仕事術

本書を手に取っていただきありがとうございます。この本は、単なるショートカットキーのまとめ本・単純暗記の推奨本ではありません。

まとめであれば、インターネットの検索で十分です。本書は、「脱マウス」までのステップを体系化し、その最短経路をまとめた日本初の書籍です。

私は、ホワイトカラーの働き方改革は「指の動き方改革」があってこそだと考えています。 この「指の動き方改革」に、最大の恩恵をもたらす「脱マウス」に到達するためのノウハウを数年間、独自に研究し、さまざまな企業や個人にレクチャーしてきました。その中で「脱マウス」をすぐに挫折してしまう人と、一定レベルまで成功している人の分岐点を突き止めました。

それは、**キーボードのキー自体への理解です。**

暗記しているショートカットキーの数が分岐点だと思っている人も多いのではないでしょうか。実は、私自身も社会人になった当初は、ショートカットキーの丸暗記型＆つめこみ式学習を行った人間でした。しかし、いま振り返ると、これは残念ながら遠回りをしていたと言わざるを得ません。

では、キーボードのキー自体への理解とは何を指すのでしょうか？

最近の小型ノートPCには約90個のキーが搭載されています。このキーボードの中のキーの役割を１つ１つ説明できるでしょうか？　いくつかのキーにはマークが印字されていますが、その意味を人に教えることができるでしょうか？　実際にそれができる人は、あまり多くはないと思います。

一方、ピアノではどうでしょうか。ピアノは初級者だとしても、キー（鍵盤）の役割は一通り説明ができるはずです。これは、ピアノでは学習のスタート時に、まず１つ１つのキー（鍵盤）から理解を進めるからです。いきなり、キーを組み合わせて奏でる「和音」の暗記から入るケースはないで

しょう。PCも同じだと考えてください。ショートカットキーは「キーとキーの組み合わせ」で構成されているものが大半です。その組み合わせのベースとなる1つ1つのキーの音色を理解して初めて、組み合わせである「和音＝ショートカットキー」を奏でることが可能になります。

　ですから、キーの1つ1つの特徴やルールを丁寧に学ぶことこそが、脱マウスに向けた必須通過点であり、分岐点になるのです。

　実は、脱マウスは、2週間程度で習得が可能です。本書は、脱マウスに向けたノウハウを網羅しています。脱マウスに成功すれば、大きくは以下の2つのメリットがあります。

① PC作業時の生産性が圧倒的に向上する（時短）
②マウスが置きづらい場所でもストレスなく作業ができる

　①については、予想を超える差がでます。18ページで例を紹介していますが、最低でも数倍、最大で24倍ものスピードの差がでるのです。数年前の脱マウス術を身につけていない自分にこんなことを言ったとしても、「さすがにそれは言い過ぎだろう」と感じると思います。しかし、これは身につけた人のみが本当に実感できる事実です。

　②については、近年、PCのバッテリー性能や処理能力の向上・コンパクト化などの技術革新が相当進んでいます。それだけでなく、働き方改革の必要性がさらに高まり、テレワーク・在宅勤務などの制度などの見直しが進んでいる企業も増えてきています。現実に、いつでも・どこでも働ける世界へと進化してきています。一方、自分自身の進化は十分と言えるのでしょうか？10年前と同じようなPC操作方法・スキルのままでよいのでしょうか？

　企業の生産性とは、社員一人一人の1秒の積み重ねで決まります。皆さんの人生の生産性も、この1秒の使い方の積み重ねで決まります。ホワイトカラーが多くの時間を割いているPC作業の1秒の使い方を、今後はもっと胸の張れる時間に変えていきましょう。脱マウスは一生モノのスキルです。本書が皆さんの可処分時間のアップに貢献できることを祈っています。

脱マウス最速仕事術

年間 120 時間の時短を実現した **50** のテクニック

CONTENTS

第6章　「両手系ショートカットキー」で「脱マウス」を実現しよう

なお、本書では、ウィンドウズでの操作についてお伝えしています。マックでは、操作方法・仕様が異なりますのでご注意ください。

GOODBYE MOUSE

第 **1** 章

「脱マウス」だけで
仕事の生産性が格段に上がる

なぜ、いま「脱マウス」なのか?

「マウスを使わない習慣」が働き方の選択肢と可処分時間を増やしてくれる

いきなりですが、スマートフォン（スマホ）の話からはじめます。

スマホって便利ですよね。なぜ、便利だと感じるのでしょう。理由の1つに、周辺機器がなくてもそれだけで使えることがあります。マウスはいらない、キーボードもいらない、スマホだけでデータの入力も操作も行えるから場所を選ばずに使える、これがスマホの長所です。

一方、パソコンのほうもノートパソコンが小さく軽くなり、ちょっとした隙間時間に作業をしやすくなってきました。ノートパソコンがスマホに近づいていると言ってもよさそうです。

このようにパソコンが進化していくなかで、私たちの使い方はそれに合わせて進化・改善できているでしょうか。残念ながら、昔ながらの使い方をしている人も多いようです。どんどん小さくなるノートパソコンのメリットを最大限に生かすには、どこかのタイミングで、マウスなどの周辺機器がなくても操作できるように、ユーザー自身がスキルアップしなければいけません。

テレワークの普及、IT技術の向上によって、いつでもどこでも働ける環境に近づいてきています。このような働き方の多様性を生かすという意味からも、マウスなしで、どこでもパソコンを操作できるという選択肢を持つことは、これまで以上に重要になってきています。

マウスを使わないことでパソコンの操作時間を短縮し、仕事の時短につながることも見逃せません。マウスを使わない習慣を手に入れれば、働き方の選択肢が増え、あなたの可処分時間が増えるのです。

私の場合、本書の技術によって、1日当たり「5000クリック」していたのが「1000クリック」まで減らすことができました。1クリック0.5秒と仮定すると、控え目に見ても年間約120時間の時短という計算になります。

　セミナーの参加者のいろいろな声を聞いていても、もちろんその人の業務内容によりますが、平均すると年間120時間程度の時短が実現できるようです。

　さて、これからマウスを手放す方法を説明していきますが、さすがに明日からすぐにマウスがいらなくなるというわけにはいきません。この本では、段階的にマウスへの依存度を減らしていって（マウスダイエット）、最終的にマウスを使わない「脱マウス」に到達することを目指します。

　なお、アプリケーションソフト（以下「アプリ」）によっては、キーを使うよりマウスのほうが操作しやすく手早いものもあります。これについては脱マウスではなく、マウスダイエットのレベルをゴールとします。

暗記型や画一的な方法では非効率的

これまでなかった「個人のレベル」に合わせた体系的な学習法

「パソコン仕事の時短を図るためにショートカットキーを覚えよう」

こう決心した人のほとんど全員が、『ショートカットキー大全』のようなタイトルの本を読んだり、「覚えておきたいショートカットキー10選」といったネット記事を見たりして勉強することでしょう。そして真面目な人ほどキーの組み合わせを暗記しようと頑張ります。

しかし、ショートカットキーは、誰もが同じように暗記すればよいというものではありません。スマホではストレスなくデータ入力できるものの、パソコンのキーボードは苦手という人と、パソコンのキーボードに慣れていても、ショートカットキーは2〜3個しか使えず、操作全体の速度が上がらないという人とでは、覚えるべきショートカットキーが違えば、覚える方法も違うはずです。

たとえば、コピー＆ペーストのキーを考えてみましょう。コピーは［Ctrl］＋［C］、ペースト（貼り付け）は［Ctrl］＋［V］です。コピーのキーもペーストのキーも左手だけで押せますね。右手はマウスに置いたままで使えるキーなのです。ですから、キーボードを使いこなしている人のみならずキーボードにあまり慣れていない人でも使いやすい。しかも使用頻度の高い操作なので、比較的早い段階で覚えるのに適したキーです。

ところが貼り付けするキーが、ペースト（Paste）の頭文字の［P］だったらどうでしょう。［Ctrl］＋［P］で貼り付けるとなると、［P］は右手で押すことになります。両手でキーを押すので難易度がぐっと上がります。ペーストが［Ctrl］＋［P］だった場合、ある程度マウスから解放されて、両手が

キーボードの上にあることが多い人なら楽に使いこなせるでしょう。これに対して、左手はキーボードの上だけれど、右手はマウスに置いているというステージの人にとって、「よく使うコピー＆ペーストのキーから覚えましょう」と言われて、［Ctrl］＋［P］での貼り付けを教えられても、手が動きづらく学習効果がなかなか上がりません。そのため早々にショートカットキーを覚えるのをあきらめてしまうかもしれません。

　そうならないためにも、ショートカットキーは各人のスキル、レベルに合わせて覚えるべきです。**マウス依存を減らし、脱マウスを実現するには、皆さんそれぞれのレベルに応じて学ぶことが必須であり、近道でもあるのです。**

　各種のショートカットキーを分類して並べた書籍やウェブページは多数あります。そして、多くの人が仕事を効率よく進めるためにショートカットキーを使いたいと思っています。にもかかわらず、実際にショートカットキーを使いこなしている人は、ごく少数です。それは、**ひとえに各人のレベルを考慮しつつ体系化された覚え方がなかったためです。**

　やみくもにキーの組み合わせを覚えようとするのではなく、このキーの意味は何なのだろう、どんなときにこのキーを使うのか、類似の組み合わせはないか、などを考えながら体系的に知識を得ていき、手を動かしやすいところからキー操作に移行していけば、もっと無理なくショートカットキーを覚えられるはずです。

3 80%のマウスダイエットを 2週間で可能にするプログラム

脱マウスするための5つのステップ

　キーの説明に入る前に、マウスダイエットを経て脱マウスを実現するまでのステップを説明します。**この本で紹介するのは、ショートカットキーの丸暗記ではなく、キーボードを起点として段階的に意味を理解しながら覚えていく方法です。**

　この本における脱マウスへのステップは次の5つになります。

Step 1　要諦を確認する

　マウスダイエットから脱マウスまでの基本的なルールや、キー自体の役割などを確認します。

Step 2　単体系のショートカットキーを覚える

　1つのキーを押すだけのショートカットキーを覚えます。コピーの［Ctrl］＋［C］は［Ctrl］と［C］という2つのキーを使います。これに対して、たとえば［F12］は、それを1つ押すだけで「名前を付けて保存」画面を表示できます（エクセルやワードなど、主なオフィスアプリの場合）。このようにそのキーだけで操作できるのが単体系のショートカットキーです。

Step 3　母体キーの使い分け方を理解する

　コピーの［Ctrl］＋［C］のように、ショートカットキーというと［Ctrl］キーと何かを組み合わせるもの、あるいは［Alt］や［Windows］キーと別

のキーを組み合わせて使うものというイメージがあることでしょう。たしかに、このようなキーの組み合わせはショートカットキーの要でもあります。**キーを組み合わせるときに使う［Ctrl］［Shift］［Windows］［Alt］をこの本では「母体キー」と呼びます。**ここでは母体キーの特徴を学びます。これがわかればキーの組み合わせを理解できるようになります。

Step 4　左手だけを使うショートカットキーを覚える

　最初は左手だけで押せるキーを使います。右手はマウスの上に置いていてもかまいません。そして、ここまでがマウスダイエットです。後ほど詳しく説明しますが、アプリによっては、脱マウスよりマウスダイエットのほうが使いやすいものもあります。そういったものについては、ここまでで十分に目標（生産性の向上、時短）が達成できると言えます。

Step 5　両手を使うショートカットキーを覚える

　右手をマウスから離して、両手をキーボードに置いたままパソコンを操作する段階です。脱マウスの最終ステップになります。

　ショートカットキーの本やインターネットでの説明を見ると、前述のステップ4や5から入りがちです。そして、覚えきれなくて中途半端で終わってしまう。これがこれまでのショートカットキーの学習でした。

　しかし、この本では1番目に挙げている「要諦」を重要なものと位置づけます。**組み合わせるキー自体の役割を知れば、それだけで暗記に依存しなくてもショートカットキーを使えるようになるからです。**

　たとえば、［Shift］キーの役割を知らずに［Shift］＋［→］を押すと、選択範囲が右に広がる、というように暗記していませんか。［Fn］キーの位置がよくわからないままに、［Fn］＋［↑］で上にスクロールと覚えようとしていないでしょうか。

　これから説明するのは、単なる暗記ではなく、［Shift］や［Fn］キーの役

割を覚える方法です。ここを理解すれば、［Shift］＋［→］の組み合わせを覚えていなくても、「［Shift］＋［→］で右方向に選択していけるのではないか」と頭が働くようになります。

［Fn］キーも、キーボードのどこにあって、どんな働きをするかがわかれば、組み合わせを暗記しなくても、キーボードを見れば一緒に押すべきキーがわかるようになります。

また、ショートカットキーの構造や由来についても紹介します。英単語は、由来がわかると効率的に覚えられるものです。**ショートカットキーも同じことです。由来やちょっとした覚え方を知っていれば、覚えやすくなると同時に忘れにくくなります。**

ステップ2の単体系のショートカットキーでは、1つだけで操作が行えるキーを紹介します。ここでポイントとなるのは、途中でマウスに持ちかえることなく、最後までキーだけで操作できるようになるための素地を作ることです。

たとえば、チェックボックスにチェックを入れたいとき、設定の画面を出すところまではキー操作で行っても、チェックを入れる段階になるとマウスでクリックしている人もいます。これでは、せっかくショートカットキーを使っているのに効果が半減です。そうならないためにも、ショートカットキーとショートカットキーをつなぐ役割を持つキーのお話もします。

ステップ3の母体キーの使い分けでは、［Ctrl］や［Shift］キーの説明もしますが、［Ctrl］や［Shift］と比べると馴染みのない［Alt］キーの使い方について詳しく解説します。

ステップ4では、いよいよ一般的にショートカットキーとイメージされているキー操作に入りますが、まず、左手だけで操作できるものを覚えます。この段階では、右手はマウスの上にあってかまいません。いままでマウスで行っていた操作の一部を左手で行うことで、右手のマウス、左手のキーという具合に両手で操作ができるようになります。これにより、マウスだけで操

作していたときと比べると２倍以上のスピードで作業が進むようになります。

　そしてステップ５では、両手をキーボードに置き、脱マウスを目指します。ここまでに蓄積してきた単体系のキー、母体キーの知識、左手系のキーも生かしながら、いろいろな操作をキーだけで行ってみます。

　さて、この５つのステップを習得するのに、どれくらいの時間がかかるのか気になる方もいるでしょう。目標としては、ステップ１〜ステップ３までの習得に３日間、ステップ４の左手系のショートカットキーの習得に５日間、ステップ５の両手系のショートカットキーの習得に６日間。計14日間です。本書では２週間でショートカットキーをマスターすることを目標とします。

　ところで、事前の心構えとしてお伝えしておきたいことが１つあります。マウスダイエット、脱マウスへの道のりは、この本の説明にしたがって進めていったとしても快適とは言えません。とりわけ初期の段階では、マウスを使わないことにフラストレーションが溜まったり、作業が遅くなったように感じるなど辛い感情も生じます。

　だからこそ、14日間という目標を定め、そのなかをステップごとに区切ることで、目的意識を持ったまま集中して学習していただきたいのです。ぜひ、２週間後にマウスを使わずにパソコンを操り、作業時間の短縮を実現している自分の姿を想像しながら学習していってください。

脱マウスで実現できる世界とは

作業スピードの差が最大で24倍も生まれるワーク

　マウスダイエットから脱マウスまでのステップを紹介してきましたが、脱マウスまで到達したら、マウスだけを使っていたときと比べて、どれくらい操作時間に差が出ると思いますか？

　いろいろ実験してみた結果、もっとも効果が体感できる方法を紹介しますので、脱マウスの学習を始める前に行ってみてください。そして、2週間後に同じ操作を行えば、脱マウスによってどれだけ時短が図れたかを実感できることでしょう。

　その方法とは、エクセルで次の図のようなかけ算の九九表を作ることです。白紙のワークシートを開いた状態から、九九表を完成するまでの時間を計ってください。

図1-1　エクセルで九九表を作る

	A	B	C	D	E	F	G	H	I	J	K
1		1	2	3	4	5	6	7	8	9	
2	1	1	2	3	4	5	6	7	8	9	
3	2	2	4	6	8	10	12	14	16	18	
4	3	3	6	9	12	15	18	21	24	27	
5	4	4	8	12	16	20	24	28	32	36	
6	5	5	10	15	20	25	30	35	40	45	
7	6	6	12	18	24	30	36	42	48	54	
8	7	7	14	21	28	35	42	49	56	63	
9	8	8	16	24	32	40	48	56	64	72	
10	9	9	18	27	36	45	54	63	72	81	
11											

セミナーなどで、これを百回程度行ってみましたが、結果は不思議なほど同じです。もっとも速い人が30秒、一番遅い人が720秒（12分）です。**一番速い人は遅い人の24倍の速度で九九表が作れるわけです。**九九表を作る様子を見ると、速い人は全ての操作をキーボードでこなしている一方で、遅い人は基本的にマウスを使いながら作業しています。

　さて、あなたはどれくらいの時間でできたでしょうか。九九表を作る時間を計ることで、いま、自分がどれくらいのレベルにいて、これからキー操作を学ぶことで、どれくらい操作時間を短縮できるかがわかります。
　第2章以降には、九九表の作成にも使えるテクニックが多く収録されています。ぜひ、「このテクニックは、この部分に使えるな！」と想像しながら読み進めてみてください。その上で、自分なりのベストな方法を試行錯誤をしながら、30秒を目指してみてください。このような能動的な学習アプローチも、スキルの習得を助けてくれます。本書にあるいろいろな技を使いこなして、30秒で九九表が作れるレベルの脱マウスを目指しましょう。

時にはマウスを活用せよ！

キーボードとマウスの使い分けとは？

　ここまで、マウスダイエットを経て脱マウスすることで生産性を上げるというお話をしてきましたが、実はアプリによっては、マウスを使ったほうが楽で速く操作できるものもあります。それは、グーグルクローム（以下「クローム」）やマイクロソフトエッジ（以下「エッジ」）、インターネットエクスプローラー（以下「IE」）のようなブラウザーや、パワーポイントのようなプレゼンテーション用のアプリです。

　たとえばブラウザーで表示するウェブページには、リンクが設定された文字やボタン、画像などが随所にあります。これをキーで選択しようとすると、キーを押す回数が増えて時間がかかってしまいます。目的の文字などをマウスでクリックしたほうがよっぽど時短になるわけです。

　また、パワーポイントのスライドを作成するときも、いろいろな場所に画像やグラフ、表などを配置する操作をキーで行うのはやっかいです。

　このようなアプリでは、左手でキー操作を行って過度なマウス依存を下げつつ右手でマウスも使うという、マウスダイエットをゴールとします。

　これに対して、脱マウスが適しているのは、ウィンドウズ全般の操作、エクスプローラーでのファイル操作、アウトルックのようなメール系のアプリ、エクセルやワードなどが挙げられます。

　もちろんアプリ内の操作によって、マウスのほうが簡単、キーボードのほうが速いというのはあるので、目的に応じた使い分けが必要です。また、キー操作にするかマウスを使うかの判断には作業場所もかかわってきます。電車や飛行機のなかのようなスペースが限られている場合には、キーでの操作を優先したほうが効率的です。

GOODBYE MOUSE

「脱マウス」を目指すための
4つのポイント

マウスダイエットの要諦はこれだ！

脱マウスへの４つの極意

　マウスダイエットから脱マウスを目指すための要諦、すなわち核となるポイントは４つあります。

Point 1　キーのマークの意味を理解する

Point 2　キーボードの構造を理解する

Point 3　キーの役割を理解する

Point 4　キーを頭文字やイメージで理解する

　この章では、この４つのポイントを具体的に説明していきます。

Point 1

キーのマークの意味を理解する

［Shift］キーや［Tab］キーには矢印が付いている

　巻頭のショートカットキーMAPにある［Shift］キーを見てください。上矢印のようなマークが付いていることに気がつくでしょう。一部の外資系パソコンメーカー製のキーボードでは、このマークが付いていないこともありますが、大半のキーボードにはあるはずです。いつも何気なく使っている［Shift］キーですが、マークが付いているからには何かメッセージがあるはず。いったいどんな意味だと思いますか。ヒントとして、次の操作を行ってみてください。

- ワードやメモ帳など文字入力ができるアプリを開く。
- 「−」（マイナス）を入力する。
- 「＝」（イコール）を入力する。

　注意点は、「まいなす」や「いこーる」と文字入力して変換しないことと、テンキーの［−］・［＝］キーを使わないことです。半角英数のモードで記号として入力してください。

　ほとんどの方が、問題なく入力できたでしょう。「−」は、半角英数モードで［ほ］のキーを押すと入力できます。「＝」の入力にも［ほ］のキーを使いますが、今度は［Shift］キーも一緒に押します。たいていの人は無意識に左手で［Shift］キーを押したはずです。

　このように「−」と「＝」は、いずれも［ほ］のキーを使って入力します。その［ほ］のキーを見ると、「ほ」のほかに上下に分かれて「−」と「＝」も記されています。そして、上にある「＝」を入力したいときは、上矢印のマークが付いた［Shift］キーと一緒に押すというしくみになっています。

「−」と「＝」のように１つのキーが２層に分かれているときに、上側（２階）の記号の入力には［Shift］キーを使います。これを表しているのが［Shift］キーに付いている上矢印です。このマークのメッセージはとても役に立つので覚えておいてください。

図2-1 そのまま押すと１階部分、［Shift］キーを加えると２階部分の記号になる

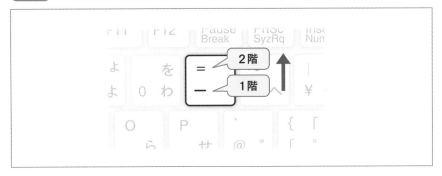

マークが付いたキーはもう１つあります。［Tab］キーです。［Tab］キーには上に左矢印、下に右矢印が付いています（一部のキーボードを除く）。このマークも１階が右矢印、２階が左矢印と考えてください。

これがどのように働くか、エクセルの例で説明します。エクセルのワークシートを開いて、どこかのセルを選び［Tab］キーを押してください。

図2-2 ［Tab］キーにも１階と２階がある

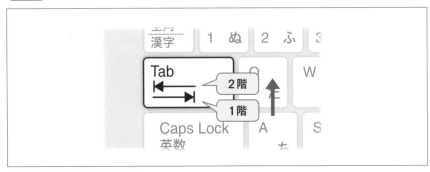

図2-3 セル「C2」を選択して [Tab] キーを押す

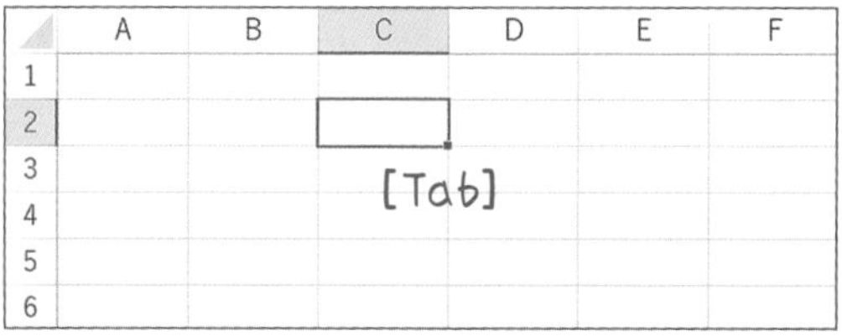

	A	B	C	D	E	F
1						
2						
3			[Tab]			
4						
5						
6						

↓

図2-4 右隣りのセル「D2」が選択できた

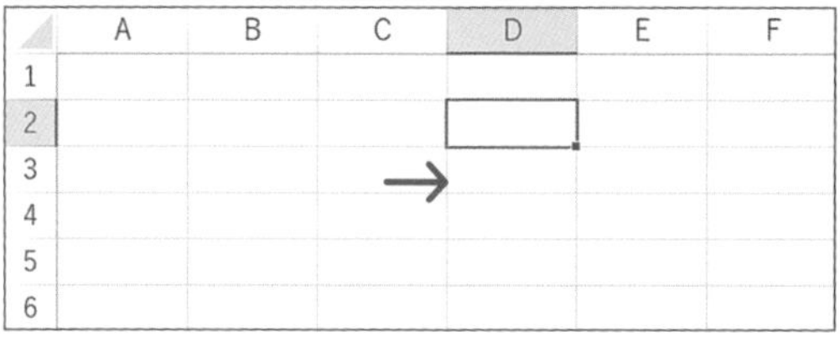

	A	B	C	D	E	F
1						
2						
3			→			
4						
5						
6						

[Tab] キーだけですから1階部分の記号を使います。キーを押すと記号の通り選択セル（選択した状態のセル）が右方向へ移動します。図ではC2からD2へ選択が移動しました。これが右矢印の部分の働きです。

2階部分の記号は [Shift] キーと組み合わせると使えます。[Shift] キーの上矢印の作用を利用するわけです。エクセルで [Shift] + [Tab] キーを押すと選択セルが左方向へ移動します。

[Tab] キーの動きは、アプリによって少し違いますが、時計回りにセルやカーソルを移動するイメージで覚えるとよいでしょう。[Shift] + [Tab] キーなら反時計回りになります。

動きを見てみましょう。メール作成画面を開いてみてください。本文の欄をクリックしてカーソルを置きます。その状態から [Shift] + [Tab] キーを押すと、押すたびに「件名」→「BCC（表示している場合）」→「CC」→「宛先」の順にカーソルが移動していきます。（図ではアウトルックで例示します）

図2-5 ［Shift］＋［Tab］キーを押すたびに移動する

　さらに続けて［Shift］＋［Tab］キーを押して行くと［BCC］ボタン（表示している場合）→［CC］ボタン→［宛先］ボタン→［送信］ボタンに選択が移動します。「CC」のあたりは一度下方向の動きも入りますが、全体としては反時計回りのイメージで動いていくのがわかるでしょう。

　［Tab］キーでは、アプリが決めた順にカーソルあるいは選択が移動し、［Shift］＋［Tab］キーを押すと、その逆の順に移動するわけです。メール画面で例示しましたが、ほかの多くのアプリでも同様の規則性があります。

チャレンジワーク①

エクセルで［Ctrl］＋［;］と ［Ctrl］＋［＋］を打ち分けてみよう

キーのイメージから連想する

それでは、ここでちょっと復習をしましょう。エクセルのワークシートを開いて、どこかのセルで［Ctrl］＋［;］キーを押してください。次に別のセルに移動して、［Ctrl］＋［＋］キーを押します。この2つは異なる働きのショートカットキーです。

1つ目の［Ctrl］＋［;］キーは、その日の日付を入力するキーです。セルに日付が表示されれば成功です。

［Ctrl］＋［;］

図2-6 日付が表示された

	A	B	C	D	E	F	G	H	I	J
1										
2		2019/12/8								
3										
4										
5										
6										
7										
8										
9										
10										
11										
12										
13										
14										
15										

2つ目の［Ctrl］＋［＋］は、「セルの挿入」の画面を表示するキーです。

［Ctrl］＋［＋］

↓

 図2-7 「セルの挿入」画面が表示された

	A	B	C	D	E	F	G	H	I	J
1										
2		2019/12/8								
3										
4										
5										
6										
7										
8										
9										
10										
11										
12										
13										
14										
15										
16										
17										

セルの挿入　　　？　　×

挿入
○ 右方向にシフト(I)
◉ 下方向にシフト(D)
○ 行全体(R)
○ 列全体(C)

［　OK　］　　［キャンセル］

　うまく開いたでしょうか。セミナーでは半分くらいの人がここでつまずきます。

　「＋」は多くのキーボードでは、［れ］（［；］）のキーの2階部分にあります。復習になりますが、2階部分を使いたいときは［Shift］キーと組み合わせるのでしたね。「［Ctrl］＋［＋］キーを押してください」と言われると、2つのキーを使うように聞こえますが、［Shift］キーも押さなければなりません。［Ctrl］＋［＋］キーというのは、実際には［Ctrl］＋［Shift］＋［；］という3つのキーなのです。

　それなら、最初から［Ctrl］＋［Shift］＋［；］キーと言えばよいのでは、と思うかもしれません。**しかし、ここで大切になるのが覚えやすさとキーの意味です。**

　エクセルでこのキーを押すと「セルの挿入」画面が出てきました。「セルの挿入」に対して、［Ctrl］＋［Shift］＋［；］と［Ctrl］＋［＋］のどちらがイメージしやすく覚えやすいでしょうか。セルを加えるのですから［＋］キー

のほうが、覚えやすいし、忘れたときも思い出しやすいでしょう。

「キーの2階部分を使うには［Shift］キーを押す」という構造が理解できていれば、［Ctrl］＋［＋］というキーを［Ctrl］＋［Shift］＋［；］のように覚える必要がなくなり、イメージに近いキーで操作ができるようになります。これが、「Point 4」の1つの例です。

さらに［Ctrl］＋［＋］はクロームなどのブラウザーでも利用できます。この場合はズームアップになります。これも［＋］キーのイメージと重なる動きなので覚えやすい。［Ctrl］＋［＋］という組み合わせで覚えると応用が利きやすいのです。

図2-8 ウェブページを通常に表示（表示倍率100％）

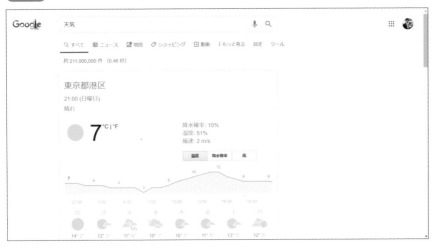

［Ctrl］＋［＋］

図2-9 表示倍率が125%になった

　アプリを起点とした暗記型ではなく、キーボードを基本とした理解型学習をするメリットが、これらの例でおわかりいただけるでしょう。

4

SECTION

エクセルで行列削除をしてみよう

操作に使うキーを推測する

前の項で「イメージ」が大切だというお話をしました。[Ctrl]＋[＋]キーの操作でも、セルの挿入と[＋]キーのイメージを重ねると覚えやすいことを実感していただけたでしょう。

では、ここで想像力を働かせて、ここまで学んできた情報をもとに、エクセルの行列削除のキーを推測してみましょう。

[＋]キーでセルの挿入の画面が表示されましたね。削除は挿入の反対、ということは[＋]キーの反対の[－]キーを使うと思いついたでしょうか。

エクセルで[Ctrl]＋[－]キーを押すと、「削除」画面が表示され、セル

[Ctrl]＋[－]

図2-10 「削除」画面が表示された

	A	B	C	D	E	F	G	H	I	J
1										
2			2019/12/8							
3										
4										
5										
6										
7										
8										
9										
10										
11										
12										
13										
14										
15										

削除　　　　　？　×

削除
○ 左方向にシフト(L)
○ 上方向にシフト(U)
○ 行全体(R)
● 列全体(C)

OK　　　キャンセル

の削除や行全体、列全体の削除が選べます。また、同じキーをクロームなど
のブラウザーで使うとズームアウトになります。このようにイメージから推
測すれば、キー操作の幅が広げられます。

　ところで、さきほどの［Ctrl］＋［＋］ですが、セルを挿入するのなら
「Insert」（挿入）の頭文字である［I］キーを使うのではないか、と思う人
がいるかもしれません。
　しかし、［I］キーは「Italic」（斜体）の頭文字でもあり、［Ctrl］＋［I］
は斜体の設定／解除のキーとして割り当てられていて挿入には使えません。
そこで、挿入のイメージに一致する［＋］キーを使っているのです。このよ
うに操作を行うキーがイメージに合わせて決められていることもあります。

Point 2
キーボードの構造を理解する

［Fn］とほかのキーの組み合わせ方

　第2章「1 マウスダイエットの要諦はこれだ！」で、2つ目のポイントとして「キーボードの構造を理解する」を挙げました。キーボードによって構造がもっとも分かれるのが［Fn］キーです。これはメーカーによってキーボード上の位置も表記も異なります。

　一般的な配列では、［Fn］キーは［Ctrl］キーの右または左に隣接しています。そして［Fn］キーには主に2つのパターンがあります（例外もあります）。1つは［Fn］キーに色がついているパターンです。この場合も青色、灰色、オレンジ色など、メーカーによって色が違います。

　もう1つのパターンは、キーの「Fn」の文字が四角く囲われるように、フチ取りされているものです。ほかにも、「Fn」が斜体になっていたり、ほかのキーとまったく同じで特徴がなかったりすることもあります。

　この本では［Fn］キーの使い方を説明するにあたり、なんらかの色がついているパターン、および四角くフチ取りされているパターンを例として用います。以降、この部分は、ご自身のキーボードに合わせて読み替えてください。

　多くのノートPCのキーボードでは、上下左右の矢印キーに「PgUp」（ページアップ）「PgDn」（ページダウン）「Home」「End」も印字されています。これは、上下左右の矢印が1つ目の役割、「PgUp」や「PgDn」「Home」「End」が、そのキーの2つ目の役割として割り当てられていることを示しています。

　役割ごとのキーの使い分けは、［Fn］キーを一緒に押すかどうかで決まります。 矢印キーのみを押すと1つ目の役割である上下左右の方向への移動、［Fn］キーと組み合わせて押すと2つ目の役割である「PgUp」や「PgDn」

図2-11 ［Fn］と組み合わせるキーのしくみ

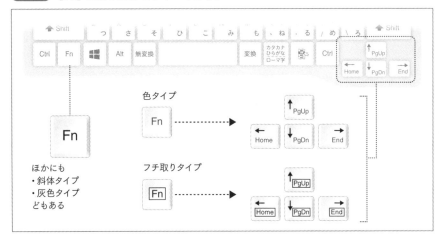

などというようになります。

2つ目の役割の表示は、図のように「Fn」の文字が青色なら「PgUp」なども青色、「Fn」が囲われていたら「PgUp」なども囲われている、というように［Fn］キーに対応しています。

［Fn］キーと組み合わせるキーはほかにもあります。キーボードの上部にある［F1］から［F12］のキーを見てください。これもキーボードによって違いはありますが、多くのキーボードでは「Fn」の文字と同じ色、または囲った形で絵文字も印されています。この場合、多くは「F1」が1つ目の役割、絵文字が2つ目の役割です。2つ目の役割の機能は、［Fn］キーと組み合わせて押すことで呼び出せます。たとえば、スピーカーに▲が付いた絵文字が書かれたキーがあったとします。［Fn］キーとこのキーを押すと、スピーカーの音量が上がります。

図2-12 ［Fn］キーと押すと役割②になる

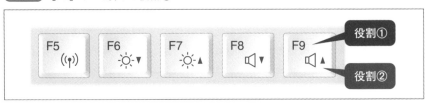

32

［Fn］キーとの組み合わせは、キー上に「PgUp」のような文字や絵文字が書かれているので、構造を理解すれば誰でもすぐに使えます。

　しかし、それにしても複雑な構造です。なぜ、こんなふうになってしまったのでしょうか。それには、パソコンのサイズが小さくなったことが関係しています。デスクトップパソコンがノートパソコンになり、さらにそのサイズが小さくなっていくなかで、以前は矢印キーの上側にあった［PgUp］キーや［Home］キーなどが姿を消し、その働きが、残っているキーに2つ目の役割として割り当てられたのです。そして、［Fn］キーと組み合わせることで切り替えるようになりました。このような工夫をすることで、キーボードを小さくしてきたのです。

図2-13 **1つのキーに2つの役割を与えて、キーボードも小さくなった**

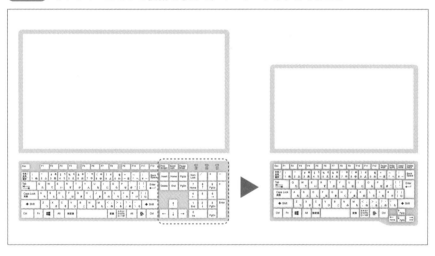

　一見、複雑ではありますが、キーボードの構造を理解さえすれば、キーの2つの機能は簡単に使い分けられるようになります。

Point 3
キーの役割を理解する①

知る人ぞ知る重要キー8選

　キーのなかには、一般的にあまり使われていないものの、実は重要なキーが8つあります。具体的には、[Esc][無変換][変換]アプリケーションキー[PgUp][PgDn][Home][End]の各キーです。ここでは、この8つのキーの働きを紹介します。

図2-14　8つのキーの位置を確認しよう

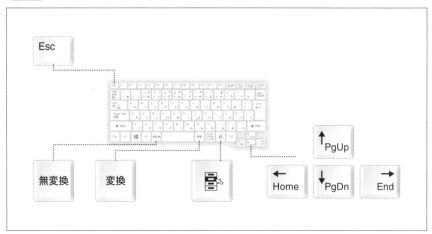

1　[Esc]キー

　キーボードの左上にあるキーです。ちなみにキーボードの四隅には非常に重要なキーが配置されています。多くの場合、左上が[Esc]キー、右上が[Delete]キー、右下が矢印キー、左下は[Ctrl]または[Fn]キーになっています。

さて、皆さんは重要キーの1つである［Esc］キーを適切に使えているでしょうか。セミナーを受講してくださった方を見る限りでは、［Esc］キーを使いこなしている人はとても少ないようです。

　［Esc］キーの働きの1つに、アプリによる設定画面やメッセージ画面などを閉じる機能があります。実際に行ってみましょう。

　エクセルを開いて、［Ctrl］＋［H］キーを押してください。「検索と置換」の「置換」タブの画面が表示されるはずです。例えば、こんな画面を閉じたいときに、マウスに持ち替えて右上の［×］をクリックする人が少なくありませんが、［Esc］キーを押せば閉じられます。［Esc］キーで閉じる操作は、さまざまなアプリ、そしてウィンドウズで使えます。

［Ctrl］＋［H］

図2-15 「検索と置換」画面が開く

	A	B	C	D	E	F	G	H	I	J	K	L
1												
2												
3												
4												
5												
6												
7												
8												
9												
10												
11												
12												

検索と置換　　　　　　　　　　？　×

検索(D)　置換(P)

検索する文字列(N):

置換後の文字列(E):

オプション(T) >>

すべて置換(A)　置換(R)　すべて検索(I)　次を検索(F)　閉じる

［Esc］

図2-16 「検索と置換」画面を閉じられた！

	A	B	C	D	E	F	G	H	I	J	K	L
1												
2												
3												
4												
5												
6												
7												
8												
9												
10												
11												
12												

　たとえば、ウィンドウズのロゴが描かれた［Windows］キーを押すと、スタートメニューが表示されます。これを閉じるのにも［Esc］キーが使えます。

　一方で、アプリ本体は［Esc］キーを押しても閉じません。ポップアップした画面だけを閉じる設計になっているので、間違って［Esc］キーを押してもアプリが終了する心配はありません。

　また、入力中の文字、変換中の文字を取り消したいときも［Esc］キーが役に立ちます。

図2-17 ［Esc］は「閉じる」キー

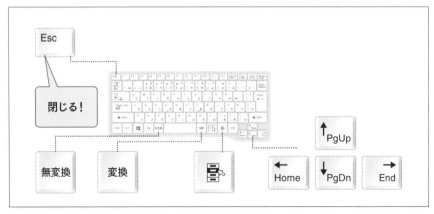

2 ［無変換］キー

多くのキーボードでは、［無変換］キーは［スペース］キーの左にあります。これから述べる［無変換］キーの働きは、かな漢字変換にマイクロソフトIMEを使っている場合に対応しています。他のIME（文字変換ソフト）には対応していないのでご注意ください。

「らく」と入力して漢字の「楽」ではなく、カタカナの「ラク」に変換したいとしましょう。「らく」と入力したら［F7］キーを押してカタカナに変換する人が多いのではないでしょうか。それも間違いではないのですが、もっと手近にカタカナ変換をするキーがあります。［無変換］キーです。「らく」と入力して［無変換］キーを1回押せば「ラク」に変換できます。こちらのほうが指を伸ばさなくてよい分、文字通りラク。手元ですむので時短にもなります。ちなみに、［無変換］キーを2回押すと半角カタカナの「ﾗｸ」になります。

図2-18 ［無変換］キーでカタカナに変換

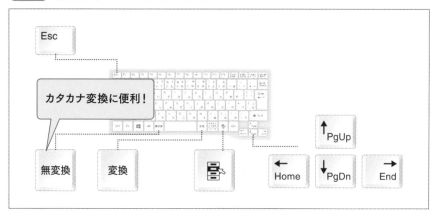

3 ［変換］キー

続いて［変換］キーです。かなを入力して漢字に変換する際には［スペース］キーを使うのが一般的ですが、［変換］キーを押して変換することもで

きます。［スペース］キーと［変換］キーの違いは、［変換］キーが再変換にも使えることです。

　たとえば、「おおもりさん」と入力して「大森さん」と変換したかったとします。ところが変換を確定したあとに「大盛さん」になっていたことに気がつきました。こんなときに、たいていの人は、［BackSpace］キーを押して「大盛さん」を削除してから、再度、「おおもりさん」と入力して「大森さん」に変換するでしょう。

　しかし、［変換］キーを使えばもっと簡単に「大盛」を「大森」に再変換できるのです。「大盛」を「大森」に直すには、「大盛」を選択して［変換］キーを押します。

図2-19　「大森」が「大盛」になってしまった！ 修正したい文字を選択

　［変換］キー

図2-20　変換する漢字を矢印キー（↓↑）で選択

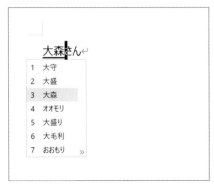

そうすると変換候補が表示されるので、矢印キーで「大森」を選んで [Enter] キーを押せば、「大森さん」に修正できます。入力済みの文字を削除したり、再入力する手間が省けるので修正時間を大幅に短縮できます。

図2-21 ［変換］キーは再変換したいときに便利

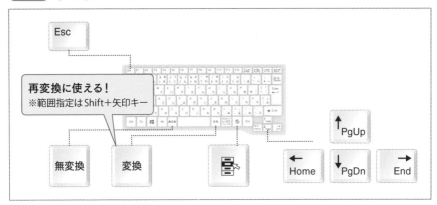

　範囲選択のキーも覚えておきましょう。これは両手を使うキーですが、文字入力中は両手がキーボードの上にあるので、この状態でも使うべきキーとしてここで説明します。範囲を選択するには、［Shift］キーを押しながら矢印キーを押します。カーソル位置を起点として［Shift］＋［→］なら右方向へ選択でき、［Shift］＋［←］なら左方向への選択になります。［Shift］＋［→］キーを押して文字を選択しすぎたら、［Shift］＋［←］を押して選択を戻すといった使い方もできます。ワードなどで範囲を選択しすぎたときや改行マークのみを選択範囲から除きたい場合にも便利な方法です。

図2-22 選択範囲の左端（先頭）にカーソルを置く

Ctrl+I は、イタリックのショートカットキー↵

［Shift］＋［→］

↓

図2-23 文章が選択できた

Ctrl+I は、イタリックのショートカットキー↵

　そして、［Shift］＋［↑］を押すと、ワードやパワーポイントでは、カーソル位置を起点として上方向に文字を選択でき、［Shift］＋［↓］なら下方向の文字選択になります。**エクセルではセル単位で選択が可能です。**

4　アプリケーションキー

　このキーは、キー上に名称が記されていないので、まず、どんなキーかを見てください。

図2-24 右クリックもキー1つでできる！

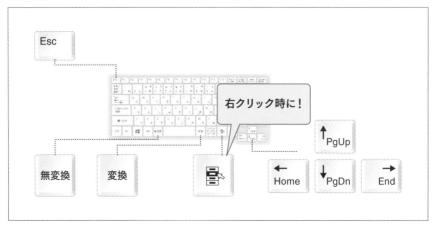

多くのキーボードでは、図のように右下に配置されています。しかし、キーボードの種類によっては存在しないこともありますし、[Fn] キーとほかのキー（多くの場合は右側の [Ctrl] キー）を組み合わせて押すようになっていることもあります。

　さて、**アプリケーションキー**の働きですが、これは右クリックと同じことができるキーです。詳細については、後ほど説明しますが、ここでは、右クリックしたいときはこのキーを使うということを覚えておいてください。

 アプリケーションキー

図2-25 **右クリックメニューが表示された**

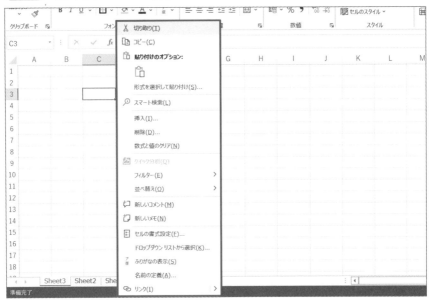

5　[PgUp] キー（Page up）

　[PgUp] キーを押すと、初期設定ではおよそ 1 画面分、表示範囲が上に移動（スクロールアップ）します。

　[PgUp] と次に説明する [PgDn] キーは矢印キーの 2 つ目の機能（「Fn」が必要になります）になっていることもありますので、キーの押し方に注意してください。

6　[PgDn] キー（Page down）

　これは表示範囲を下に移動するキーです。初期設定では、 1 回押すと表示範囲がおよそ 1 画面分下に移動します。

図 2-26　画面の一番下にある見出しに注目

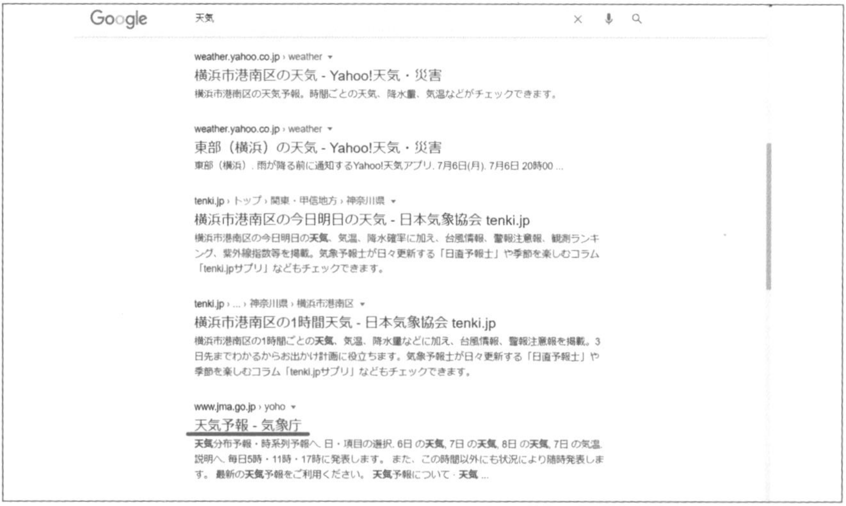

[PgDn]

図2-27 下にあった見出しが画面の一番上に移動した

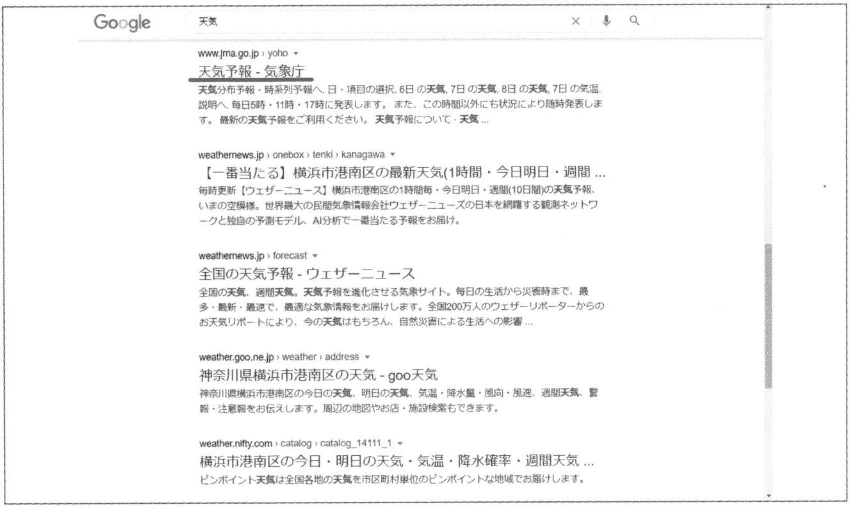

7 [Home] キー

　このキーと次に紹介する [End] キーも、キーボードによっては [Fn] キーとの組み合わせになっていることがあります。

　クロームやエッジなどで [Home] キーを押すとページの一番上へ移動します。パワーポイントで「スライド一覧」や「標準」の表示でスライドのサムネイル（縮小版）を選択している場合は、先頭のスライドへ移動します。**エクセルやワードで [Home] キーを押すと、その行の先頭に移動します。**

8 [End] キー

　ウェブページの最後やパワーポイントのスライド一覧の最後に移動するキーです。[Home] キーと対にして覚えるとよいでしょう。ワードで [End] キーを押すと、カーソルがその行の末尾に移動します。

Point 3
キーの役割を理解する②

あまり使われないけれど一度だけ学んでおきたいキー

　普段はほとんど使う機会がないキーというのもあります。使わないなら覚えなくてもよいと考えがちですが、ここで紹介するキーはミスをするリスクや効率ダウンを避けるために一度は学んでおいたほうがよいものです。それは次の4つです。

- [Insert] キー
- [PrtSc] キー
- [ScrLk] キー
- [Caps Lock] キー

1　[Insert] キー

　このキーを押すと、上書き挿入のモードになります。これにより問題が起こるのは、すでに入力してある文字の間に別の文字を追加したいときです。たとえば「脱マウスのステップ」と入力した文字を「脱マウスの5つのステップ」に修正するとします。普通は「の」の次にカーソルを置いて「5つの」を入力します。このときに上書き挿入モードになっていると、既存の「ステッ」の3文字が新しく入力した「5つの」と置き換わり、「脱マウスの5つのプ」になります。これは多くの人が経験したことがあるトラブルでしょう。

図2-28 「の」の次にカーソルを置いて

脱マウスの|ステップ↵

図2-29 「5つの」と入力したら「ステッ」が消えた！

脱マウスの5つのプ↵

上書き挿入してしまった！

　文字を挿入したかったのに、既存の文字を上書きしてしまうのは［Insert］キーを押して上書き挿入の状態になっているためです。これは［Insert］キーを押すと解除できます。

　上書き挿入にするつもりはなかったのに、知らないうちに上書き挿入になるのにはワケがあります。［Insert］の近くにあるキーを見てください。多くのキーボードでは［Delete］キーがそのあたりにあるでしょう。［Delete］キーは操作中に頻繁に利用します。そのときに誤って［Insert］キーを押すことがあるのです。［Insert］キーを押しても、その場で何かが起こるわけではないので、気づかないまま操作を続け、文字を修正しようというときに、「前に入力した文字が消えていく！」というトラブルになるわけです。［Insert］キーは押すたびに上書き挿入モードのオンとオフが切り替わるので、ぜひ覚えておいてください。

図2-30 文字が上書きされたら [Insert] キーを押す

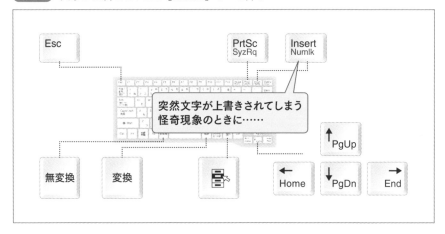

2 [PrtSc] キー

　[PrtSc] キーは、画面を撮影するためのキーです。この機能はウィンドウズ10になって大幅な変更があり、[PrtSc] キーで画面を撮影してワードの文書やパワーポイントのスライドにトリミングしてから貼り付けるという使い方は、あまりしなくなりました。そのかわり、このキーを押すとトリミングの工程がより簡単になる「切り取り＆スケッチ」アプリが起動するようにも設定できます。「切り取り＆スケッチ」は画面の任意の範囲をコピーして画像として保存する機能を持つアプリです。詳しい使い方は145ページから紹介します。

[PrtSc]

↓

図2-31 設定してあれば「切り取り＆スケッチ」が起動

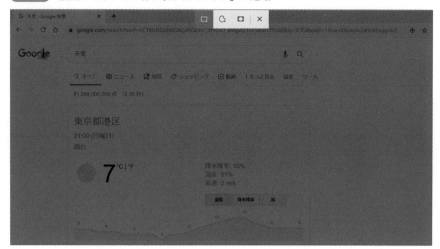

　[PrtSc] キーで「切り取り＆スケッチ」アプリを起動するように設定してから、うっかり [PrtSc] キーを押して、図のように画面が暗くなり、文字入力や機能を使う操作ができなくなったら、[Esc] キーを押せば元に戻せます。

図2-32　[PrtSc] で画面を画像として残す

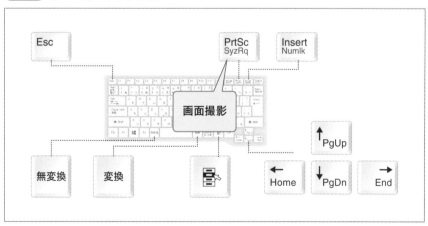

3 ［ScrLk］キー

　これはスクロールをロックするキーです。このキーが働くアプリの代表例はエクセルです。エクセルを使っているときに［ScrLk］キーを押すと、スクロールしても選択中のセルが移動しなくなります。選択セルを変えずに、離れたセルの値を見たいというようなときに役に立ちます。**しかし、［ScrLk］キーを押したことに気づかないでいると、上下左右の矢印キーを押しても、選択しているセルが移動しないというトラブルに見舞われます。**これは［ScrLk］キーを押すと解除できます。なお、スクロールロックが有効だと、エクセルのステータスバーの左端に「ScrollLock」と表示されるので（初期設定の場合）、設定を切り替える参考にしてください。

4 ［Caps Lock］キー

　このキーを押すと、半角英数で英大文字入力の状態になります。主に英字を入力するときに役に立つキーです。普通は［Shift］を押しながら文字キーを押すと大文字になりますが、大文字だけで、多くの文字を入力する必要がある場合には、［Shift］＋［Caps Lock］キーを押しておくと、文字キーを押すだけで大文字になるので手間が省けます。逆に、英字が大文字だけしか入力できない、［Shift］キーを押すと小文字になる、というトラブルが生じたら、［Shift］＋［Caps Lock］キーを押して解除してください。

GOODBYE MOUSE

第 **3** 章

まずは、
「単体系ショートカットキー」
をおさえよう

なぜ、計測することが重要なのか？

パソコン作業の目標時間を設定しよう

第1章で九九表を作っていただきましたね（16ページ）。作るのにかかった時間はどれくらいでしたか。

パソコンでの作業では、内容が正しいこと、入力ミスがないことだけでなく、「スピード」という指標に注目することも大事です。

世間には、マラソンや競泳など、速さで勝負が決まるものがたくさんあります。同じように、九九表のように誰が作っても同じ結果になるものなら、パソコンでも作業の速さを測って、比べられるはずです。

働き方改革が求められるようになってから、「パソコン仕事の時短を図る」、「パソコン作業の効率化」などの言葉がよく使われるようになりました。しかし、実際にパソコンの作業時間を計測したことがある人は、どれくらいいるでしょうか。**時短や効率化を実現するためには、いま、どれくらい時間がかかっていて、目標とする時間はどれくらいかを明確にする必要があります。**パソコンのスキルアップのなかで、計測はとても大切なことなのです。

これからショートカットキーの説明に入っていきますが、その前に自分自身がどれくらいキー操作できるか、あるいはショートカットキーをまったく知らないのか、九九表のような決められた表、仕事のなかでよく使う表を作るのに、どれくらい時間がかかるのかを確認してください。これを行うことで、脱マウスへの各段階で、どれだけスピードアップしたかを実感することができますし、自分の伸びしろを知ることにもなります。

2 ショートカットキーMAPの見方と使い方

キーの組み合わせがわかり、進捗状況も確認できる

　この本には、ショートカットキー MAP が付いています。キーそのものを紹介する前に、このショートカットキー MAP の見方を説明します。

　まず、［Ctrl］［Shift］［Windows］［Alt］の４つのキーの色を見てください。これはショートカットキーの母体となるキーです。同じ色のボックスが描かれているキーと組み合わせて押すことを示しています。たとえば［Ctrl］キーは青色です。そして［C］キーには青色のボックスが描かれ、「コピー」と記載されています。これは［Ctrl］＋［C］キーを押すとコピーが実行できるという意味です。

　キーのなかには、黒い色がついているものがありますが、これは単体で押すキーです。たとえば［Esc］キーの黒いボックスには、これを押すと実行できる「閉／クリア」が書かれています。

　ショートカットキー MAP のなかに、あなたがすでに使っているショートカットキーがあったら塗りつぶしましょう。これで、スタート時点の知識を確認できますし、目標もわかります。この MAP には 60 個ほどのショートカットキーが掲載されています。塗りつぶしたキーが４個だったら、残りの56 個があなたの伸びしろです。それだけスピードアップする余地があるということなので、レベルアップに取り組んでみてください。そして、今後、覚えたキーはどんどん塗りつぶしていきましょう。そうすれば、進捗状況や自分がどのレベルにいるかが、ショートカットキー MAP を見るだけでわかるようになります。

単体系ショートカットキー

いますぐ使える武器から使っていこう

　ショートカットキーと聞くと、2つ以上のキーを組み合わせて使うものと思うかもしれませんが、1つだけで実行できるキーもあります。まず、1つだけで使うキーを覚えましょう。ここで説明するのは［Tab］［スペース］［F2］［F12］［Windows］の各キーです。

　このほかにも、1つだけで使えるキーとして次のようなものがあります。

- ・［F7］　　　全角カタカナに変換
- ・［F9］　　　全角英数に変換
- ・［F10］　　半角英数に変換
- ・［無変換］　カタカナ（全角・半角）に変換
- ・［変換］　　再変換
- ・アプリケーションキー　右クリックメニューの表示

1　［Tab］キー

　このキーを押すと、アプリが規定した順にカーソルや選択が移動します。エクセルのワークシートやアウトルックのメール作成画面でこのキーを押したときの移動については、22〜24ページでも紹介しているので参考にしてください。

2　［スペース］キー

チェックボックスが選択された状態でこのキーを押すと、チェックボッ

スのオン／オフを切り替えられます。**使い方の一例としては、エクセルのフィルターがあります。**図のように表の項目名の欄に「▼」が表示されているときに、［Alt］＋［↓］キーを押すと項目の一覧が表示されます。選択されている条件または選択したい条件を上下の矢印キーで選び、［スペース］キーを押せば、オフ（またはオン）になります。図では「太田」がオフになりました。

図3-1 ［スペース］キーでチェックボックスをオフに

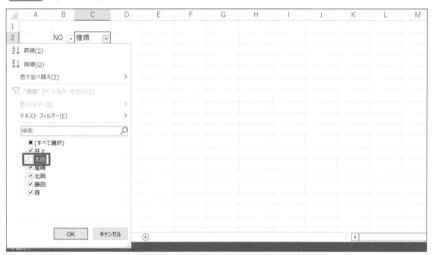

　なお、チェックボックスのオン／オフを切り替えるという操作は、日本語入力がオンだとエクセルなど一部のソフトでは働かないため、キーを押す前に入力モードが半角英数になっていることを確認してください。

3　［F2］キー

　主に、ファイルやフォルダーの名前を変えるときに使うキーです。たとえば、デスクトップにあるファイルを1つ選んだ状態で［F2］キーを押すと、名前を変更できる状態になります。

図3-2 デスクトップのファイルを選択

↓

[F2]

↓

図3-3 名前が変えられるようになった

　ファイル名の変更は、対象のファイルを間隔を空けて2回クリックしても行えますが、これがダブルクリックになってファイルが開いてしまうことも少なくありません。このようなミスによる無駄な時間を減らすためにも[F2]キーを活用しましょう。

　なお、[F2]キーで名前を変更できる状態にしてから、それをキャンセルしたい場合は[Esc]キーを押せば、一発で終了できます。

4　[F12]キー

　[F12]キーについては、12ページでも触れていますが、エクセルやワード、パワーポイントなどのオフィスアプリで、「名前を付けて保存」画面を表示

するキーです。

図3-4 **エクセルでブックを新規作成してデータを入力した**

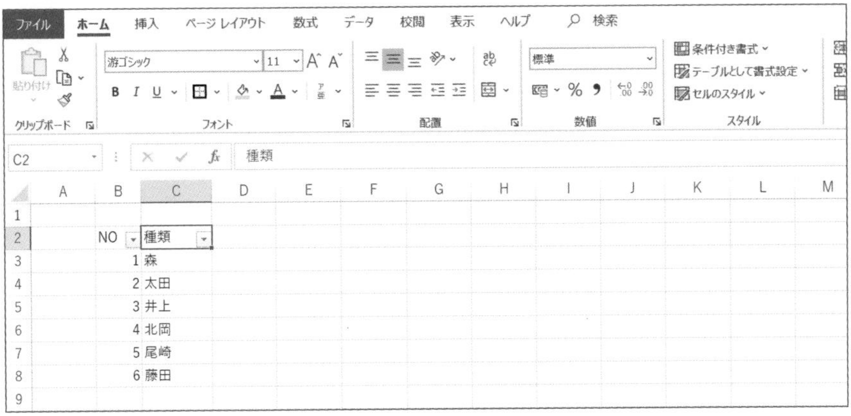

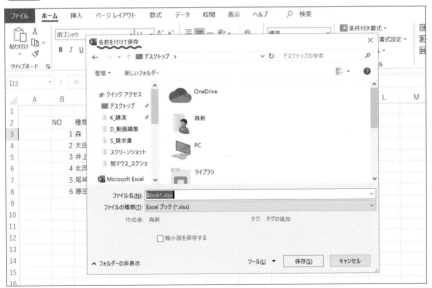

[F12]

図3-5 **「名前を付けて保存」画面が表示された**

「名前を付けて保存」の操作はアプリのバージョンによって異なっていたり、アップデートによって変わったりしますが、[F12] キーを使えば、バージョンに関係なく「名前を付けて保存」画面で保存ができます。操作が単純になるという意味でも、使いやすいキーなのでぜひ覚えてください。

5 [Windows] キー

[Windows] キーを押すと、スタートメニューが表示できます。これに続けて、アプリの先頭の文字（出てこないの場合は2、3文字）を入力すると、同じ文字列から始まるアプリだけが表示されるので、アプリを素早く起動できます。

　例としてエクセルを起動してみましょう。[Windows] キーを押し、続けてエクセルの先頭文字である [E] キーを押します。そうすると「E」から始まるアプリの一覧が表示されるので、上下の矢印キーで「Excel」を選んで [Enter] キーを押すと、エクセルが起動できます。なお、[Windows] キーは離してから「E」を押してください。

[Windows]

図3-6 　キーを離すとスタートメニューが開く

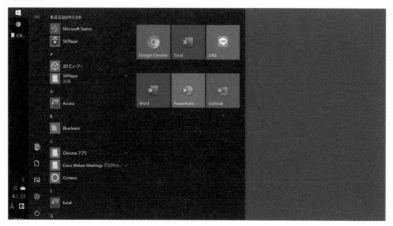

↓

[E] を押す

↓

「E」で始まるアプリのなかから「Excel」を選択

↓

[Enter]

↓

図3-8 Excel が起動した

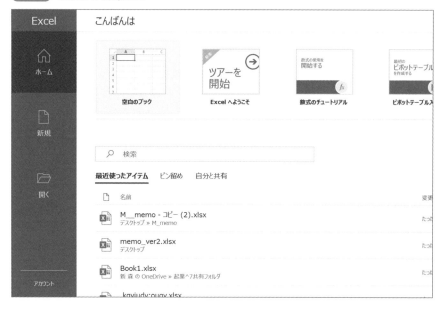

　他にも同じように［Windows］キーに続けて［P］キーを押せばパワーポイントが選べます。

　「メモ帳」や「ペイント」のように日本語名のアプリは、日本語入力の状態で［Windows］キーを押してから「めも」あるいは「ぺいん」のように先頭の数文字を入力するとアプリが表示されて選択できます。

　これを覚えておくと、スタートメニューからアプリを探す手間が省けて、アプリの起動時間を大幅に短縮できます。

マウスを併用する
ショートカットキーも覚えよう

時には左手でキー、右手でマウスを操作する

　第1章で、クロームやエッジのようなブラウザーやパワーポイントでは、脱マウスではなく、マウスへの依存を減らし、キー操作とマウスを併用するマウスダイエットを目標にするというお話をしました（18ページ）。キー自体にもマウスと組み合わせて使うと生産性が上がるキーがあります。それは［Shift］［Ctrl］［Alt］の3つです。

1　［Shift］キー

　［Shift］キーとマウスを併用すると、範囲選択を手早く行えます。たとえばファイルを管理するエクスプローラーで連続する複数のファイルを選択したいとします。そのときに先頭のファイルをクリックしてから、［Shift］キーを押しながら最後尾のファイルをクリックすると、その範囲のファイルがまとめて選択できます。

図3-9　先頭をクリック、最後のファイルは [Shift] ＋クリック

図3-10　連続するファイルを選択できた

　同様の操作はエクセルやワード、パワーポイントなどでも行えます。エクセルでは、選択範囲の起点となるセルをクリックし、[Shift] キーを押しながら選択したい終点のセルをクリックすると、その範囲のセルが選べます。

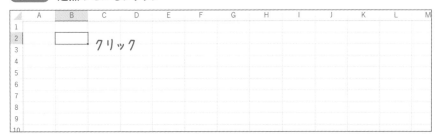

図3-11 起点のセルをクリック

図3-12 終点を［Shift］＋クリックすると、範囲が選べる

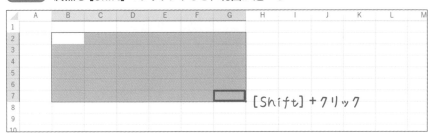

　ワードでも、先頭の文字をクリックしてから、選択したい範囲の末尾の文字を［Shift］キーを押しながらクリックすると、その範囲の文字を選べます。パワーポイントのスライドの一覧で連続する複数のスライドを選びたいときも、先頭のスライドをクリックし、［Shift］キーを押しながら選択したい最後のスライドをクリックします。また、アウトルックの受信トレイなどで、メールを1つ選択してから、離れたメールを［Shift］キーを押しながらクリックすると、その範囲のメールが選択できます。

---

2 ［Ctrl］キー

　［Ctrl］キーを押しながらマウスを使うと、任意の場所にコピーが作れます。何を複製するかは、操作する画面やアプリによって異なります。

　ファイルのエクスプローラーでは、ファイルを選択してから［Ctrl］キー

を押しながらドラッグすると、そのファイルを好きな場所にコピーできます。ファイルを選択して、[Ctrl] + [C] キーを押してから場所を移動して [Ctrl] + [V] キーを押し、コピーするのと同じことですが、[Ctrl] キー + ドラッグなら、何度もキーを押す手間が省けます。

図3-13 ファイルを選択

図3-14 [Ctrl] +ドラッグすると好きなところにコピーできる

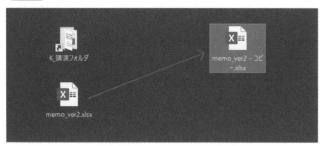

　エクセルで [Ctrl] キー + ドラッグが役に立つのは、シートをコピーする場合です。シート見出しをクリックしてから [Ctrl] キーを押しながらドラッグし、別の位置でドロップすればシートのコピーができます。シートの

コピーは、シート見出しを右クリックして［移動またはコピー］を選び、コピー先を指定するという操作でも可能ですが、［Ctrl］キー＋ドラッグなら位置を決めながら1つの動作だけでコピーできます。

図3-15 シート見出しを［Ctrl］＋ドラッグ

図3-16 シートが好きなところにコピーできた

　パワーポイントでも、図形やグラフのようなオブジェクトは、クリックして選択し、［Ctrl］キーを押しながらドラッグすれば好きな位置にコピーできます。これも［Ctrl］＋［C］キーと［Ctrl］＋［V］キーでコピーしてから位置を調整するよりも操作の数が減ります。

　［Ctrl］キーとマウスの組み合わせでは、［Ctrl］キーを押しながら単にクリックするという操作もあります。

　ファイルのエクスプローラーで、［Ctrl］キーを押しながらフォルダーをダブルクリック（またはクリック）すると、新しいウィンドウでフォルダーを開けます。また、クロームやエッジで、**ウェブページ上のリンクを［Ctrl］キーを押しながらクリックすると、リンク先のページが新しいタブで開きます。**

　リンク先を新しいタブで開きたい場合、たいていはリンクが設定された文字や画像などを右クリックして［新しいタブで開く］を選んでいるでしょう。しかし、このときに左手は空いています。何もしていない左手で［Ctrl］

キーを押し、右手でクリックすることで一手間減らせます。

3　［Alt］キー

　［Alt］キーを押しながら、フォルダーやファイルをドラッグ＆ドロップすると、フォルダーなどのショートカットが作れます。頻繁に使うフォルダーやファイルのショートカットをデスクトップに置くと、すぐに開けて便利です。そして、ショートカットは、不要になったらいつでも削除できます。これを削除してもフォルダーやファイル本体に影響はありません。

図3-17　［Alt］＋ドラッグ＆ドロップでフォルダーのショートカットを作る

　また、［Alt］キーはフォルダーやファイルのプロパティを見たいときにも役に立ちます。デスクトップやエクスプローラーでフォルダー（ファイル）を選び、［Alt］キーを押しながらダブルクリックすると、そのフォルダー（ファイル）のプロパティの画面が表示されます。この操作は、［Alt］＋［Enter］キーでもできます。

図3-18 ［Alt］＋ ダブルクリックでプロパティを見れる

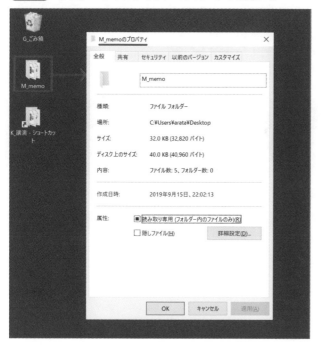

　このように、左手を使いながら右手のマウスも併用することで、生産性が
上がるという操作もあるので、ぜひ活用してください。

チャレンジワーク①

5
SECTION

チェックボックスを操作&
サブ画面を閉じる

チェックボックスにチェックを入れるには

　第3章で学んだことを復習してみましょう。1つ目はチェックボックス（設定画面などにある「□」）にチェックを入れることです。

　最初にパワーポイントを開いてください。スライドが編集できる状態で［Ctrl］＋［H］キーを押すと、図のような「置換」の画面が表示されます。［Ctrl］＋［H］は、置換の画面を呼び出すショートカットキーですが、ここでは覚えなくてもかまいません。

［Ctrl］＋［H］

図3-19　「置換」画面が開く。「大文字と小文字を区別する」がオフ

「検索する文字列」「置換後の文字列」と入力欄が続き、その次に四角形の
ボックスがあり、「大文字と小文字を区別する」となっていますね。**この
ボックスにチェックを入れてみましょう。**

いかがでしょうか。できましたか。

では、答え合わせをします。「置換」画面が開いた直後は「検索する文字
列」の欄にカーソルがあります。この状態で［Tab］キーを1回押すと、「置
換後の文字列」にカーソルが移動して、もう一度［Tab］キーを押すと「大
文字と小文字を区別する」が選択された状態になります。そのまま［スペー
ス］キーを押すと、チェックボックスにチェックが入ります。

［Tab］

図3-20 「置換後の文字列」にカーソルが移動

［Tab］

図3-21 「大文字と小文字を区別する」が選択された

↓

［スペース］

↓

図3-22 「大文字と小文字を区別する」にチェックが入った

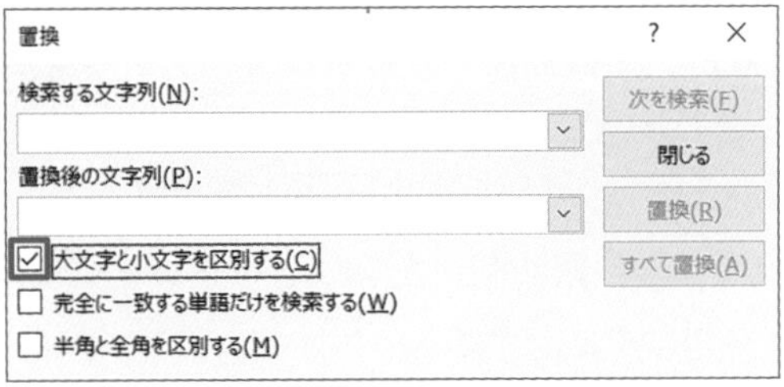

このようにチェックボックスのオン／オフの切り替えは［スペース］キー
で行います。

マウスを使わずにサブ画面を閉じるには

次は「置換」画面のようなサブ画面（操作内容の設定・確認を行う画面や
アプリからのメッセージ画面）の閉じ方です。「大文字と小文字を区別する」
にチェックを付けた「置換」画面をキー操作で閉じてみてください。

できたでしょうか。アプリによって表示されているサブ画面は［Esc］
キーを押すと閉じられます。ただし、［Esc］キーで閉じるのは［キャンセ
ル］をクリックするのと同じで、設定が保存されない点に注意しましょう。

GOODBYE MOUSE

第 4 章

［Ctrl］［Windows］［Alt］を
マスターしよう

1 脱マウスの推奨ホームポジションをおさえよう!

「母体キー」の押しやすい位置に指を置く

　文字入力のための指のホームポジションがあるように、ショートカットキーを使う場合にもホームポジションがあります。そして入力のホームポジションに指を置くと効率よくタイピングできるのと同じように、適切な場所に指を置けばショートカットキーを押しやすくなり、操作のスピードもアップします。**時短のためにショートカットキーを覚えるのですから、もっとも短時間でそれぞれのキーを押せる位置に指を置くことはとても重要です。**

　まず左手ですが、親指は[Alt]キーの近くに置くようにしてください。そして、中指を[Tab]キーのあたりに置きます。これがおすすめのホームポジションです。なぜ、この位置がよいかというと、[Alt]+[Tab]キーを使う頻度が高いからです。これは開いているウィンドウ（使用中のアプリ）を切り替えるのに使うキーです。

[Alt]+[Tab]　※[Alt]キーは押したままにする

図4-1　開いているウィンドウのサムネイルが表示される

図のように開いているウィンドウの一覧が表示されたら、[Alt] キーを押したまま、[Tab] キーを押せば、そのたびに選択が移動します。目的のウィンドウが選択されたらキーを離すと、そのウィンドウを前面に表示できます。

　このようなウィンドウの切り替えはパソコンの作業で頻繁に行います。そのときに、左手の親指で [Alt] キー、左手の中指で [Tab] キーのように指を使うと押しやすいのです。パソコンスキルの高い人が、タイピングする以外のときに指を置いている位置を観察すると、多くの人が無意識に親指を [Alt] キー、中指を [Tab] キーの周辺に置いています。[Ctrl] キーを押す指も決めておきましょう。[Ctrl] キーを押すには左手の小指を使うのが一般的です。ただし、[Ctrl] キーと [Fn] キーの位置がキーボードによって違うため、このあたりは、キーボードに合わせて微調整してください。また、[Ctrl] キーを押しながら、数字の [1]、[2] などのキーを押す場合は、[Ctrl] キーは左手の親指で、数字のキーは中指で押すこともあります。

　次は右手です。右手は矢印キーに置きます。左手でショートカットキーの指示をして、右手で矢印キーを押して選択や決定をすることが多いためです。右手は、矢印キーのほかに、[Enter] キーやアプリケーションキーを押すのにも使います。これがショートカットキーのためのホームポジションです。キーとタッチパッドを併用する場合には、左手は前記のホームポジションに、右手をタッチパッドに置くという方法もあります。

図4-2 ショートカットキー用のホームポジションに指を置こう

左手推奨ポジション　　　　　　　　　　　右手推奨ポジション

「さあ、ショートカットキーを 暗記しよう！」が失敗のもと

ショートカットキーの共通ルール

　ショートカットキーを覚えるにあたって、アプリごとに『これだけ！ショートカットキー集』や『ショートカットキー ベスト10』のような本やウェブサイトを参考にして、ひたすら暗記するのはお勧めできません。多くの人がショートカットキーを覚えることに挫折する原因はここにある、と言っても過言ではありません。

　たまたま、［Ctrl］＋［C］や［Ctrl］＋［V］のように多くのアプリで使えるキーもありますが、基本的にショートカットキーは開発者によって決定されるものです。したがって、グーグルやマイクロソフト、アドビがそれぞれに開発したアプリにおいて、キーの割り当てや組み合わせが異なるのは当然のことなのです。

　このようにアプリによって違うショートカットキーを覚えるには、アプリごとのキーの一覧を暗記する方法が最適に思えるかもしれません。しかし、**現実には、開発者が違ってもある程度共通するキーもあるので、最初にそれを覚えるのが効率的です。**

　そして、第2章でもお話ししたように、キーから操作をイメージしやすいとか、英語の頭文字を使っているなど、ショートカットキーには、それに決めた理由があります。これを押さえておけば、キーの組み合わせを記憶したり、推測したりしやすくなります。

［Ctrl］［Windows］［Alt］の使い分け

母体キーの意味がわかると世界が変わる

ショートカットキーを覚えるときに誰もが混乱しがちなのが、2つのキーを組み合わせるときに、母体キーが［Ctrl］だったか［Windows］だったか、あるいは［Alt］だったかということでしょう。たとえば、コピー（Copy）のキーには［C］を使うことを覚えていても組み合わせるのが［Ctrl］なのか［Windows］なのか［Alt］なのかが、わからなくなってしまうという具合です。これは母体キーの基本的な使い分けを理解すれば防げます。また、母体キーのパターンを理解していれば効率よくショートカットキーを覚えられます。ただし、アプリによって使い方が違うことがある点には留意してください。

まず［Ctrl］キーについてです。［Ctrl］は、主に手前すなわち最前面のアプリを扱うのに使います。母体キーのなかでは、もっとも使用頻度が高いキーだと言えます。

続いて［Windows］キーですが、これは使用中のアプリとは関係なくウィンドウズそのものを操作するときに使います。たとえば、デスクトップを表示する［Windows］＋［D］というキーがありますが、これを押すと一番手前のアプリがワードであろうがパワーポイントであろうが、デスクトップを表示できます。［Windows］と組み合わせるショートカットキーはキーの名の通り、ウィンドウズがほとんど制御しています。

3つ目の［Alt］キーは、主に最前面のアプリのボタン操作をしたいときに使います。［Alt］キーの詳しい使い方は77〜81ページで説明します。

［Ctrl］［Alt］を使いこなす 必須条件

「最前面」を見分ける方法

　［Ctrl］［Windows］［Alt］の各キーの使い分けのなかで、［Ctrl］と［Alt］は最前面のアプリに指示を出すときに使うというお話をしました。ここでポイントになってくるのが「最前面」です。最前面とはどのような意味なのか、操作しながら確認しましょう。

　ためしに、エクセルを開いて［Ctrl］＋［H］キーを押してみてください。「検索と置換」画面が表示されます。

［Ctrl］＋［H］

図4-3　「検索と置換」画面が表示された

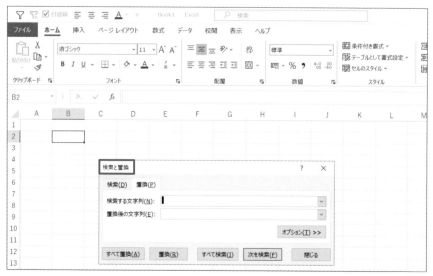

そのままワークシートのどこかのセルをクリックしてみてください。「検索と置換」画面は手前に残ったままですが、「検索と置換」の文字が薄い色に変わります。そしてエクセルのタイトルのほうは濃い色になります。

図4-4 セルをクリックすると、「検索と置換」のタイトルが薄くなる

図のように「検索と置換」画面がワークシートの上に表示された状態で、最前面はどれかと聞かれると「検索と置換」だと答えたくなるでしょう。**しかし、PCが認識している最前面はタイトルがはっきり見えるほうです。**図4-4では、「検索と置換」画面のタイトルは薄い色、エクセルのタイトルは濃い色ですから、エクセル本体が最前面ということになります。そのため、この状態で「検索と置換」画面を操作しようとしてキーを押しても反応しません。たとえば「検索と置換」画面を閉じるために［Esc］キーを押しても何も起こらないのです。「検索と置換」画面を最前面に戻したいときは、［Alt］キーを押したまま［Tab］キーを何度か押し、「検索と置換」画面を選択します。

[Alt] + [Tab]

↓

図4-5 開いているウィンドウの一覧で「検索と置換」を選ぶ

※本操作はアプリのバージョンによりできない場合があります。

「検索と置換」が選択されたところでキーを離します。

図4-6 「検索と置換」が最前面になった

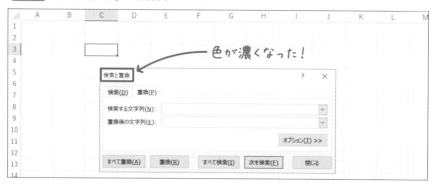

そうすると「検索と置換」のタイトルが濃い色になり、最前面になります。

最前面とは、手前にあるということではなく、その時点で操作の対象になっているということです。そして、複数のアプリを起動しているときや「検索と置換」のような画面が表示されているときなどに、操作対象とする画面を切り替えるのが [Alt] と [Tab] キーです。パソコンで作業する際は、画面の切り替えが欠かせません。[Alt] キーを押しながら [Tab] キーで最前面のウィンドウを選ぶ方法を覚えてください（101ページ参照）。

5 SECTION ［Alt］キーを使いこなす

ボタンをクリックする代替手段［Alt］

　［Alt］キーの「Alt」は「Alternative」の略称だと言われています。「Alternative」
は直訳すれば「ほかの手段」あるいは「代替手段」になります。キー操作で
の「代替手段」とはどんなことか、エクセルで試してみます。エクセルの
ワークシートを表示して［Ctrl］＋［H］キーを押してください。「検索と置
換」の「置換」タブの画面になります。その画面には、［すべて置換］［置
換］［すべて検索］［次を検索］［オプション］などのボタンがあります。こ
のようなボタンをキーボードだけで操作しましょう。［オプション］のよう
なボタンをよく見ると、「(T)」のようにカッコつきのアルファベットがあ
りますね。

［Ctrl］＋［H］

図4-7　**各ボタンのアルファベットに注目する**

画面にあるボタンを押したいときは、[Alt] キーを押しながら、そのアルファベットのキーを押します。[オプション] ボタンをクリックしたかったら、[Alt] + [T] キーを押すというわけです。

　[Alt] + [T] を押すと、[オプション] ボタンをクリックしたのと同じようにオプションの設定項目が表示されます。これを閉じたいときも [Alt] + [T] キーを押します。

[Alt] + [T]

↓

 図4-8　「オプション」の項目が表示された

検索と置換		?	×

検索(D)　置換(P)

検索する文字列(N):　　　　　　　　　　　　　　　　　書式セットなし　　書式(M)... ▾

置換後の文字列(E):　　　　　　　　　　　　　　　　　書式セットなし　　書式(M)... ▾

検索場所(H): シート ▾　　☐ 大文字と小文字を区別する(C)

検索方向(S): 行 ▾　　　☐ セル内容が完全に同一であるものを検索する(O)

検索対象(L): 数式 ▾　　☐ 半角と全角を区別する(B)　　　　　オプション(T) <<

すべて置換(A)　　置換(R)　　すべて検索(I)　　次を検索(E)　　閉じる

　このように、[Alt] キーは、アプリが表示する画面のボタンをキーボードで押したいときに使います。

　前の項でも説明しましたが、[Alt] キーは、使用中のアプリやエクスプローラーなどのウィンドウを切り替えるのにも利用できます。マウス操作では、ウィンドウの表示の切り替えは、タスクバー上のアイコンをクリックして行います。これをキーで代替するのが [Alt] + [Tab] です。[Alt] キーを押したまま [Tab] キーを何度か押すことで、最前面に表示するウィンドウが選べます。

[Alt] + [Tab]

↓

図4-9　開いているウィンドウの一覧から、最前面にするウィンドウを選ぶ

　このほか［Alt］キーは、エクセルやワードなどのオフィスアプリで、タ
ブやリボン上のボタンを押したいときにも使います。たとえば、エクセルで
［Alt］キーを押してください。［ホーム］タブのそばに［H］、［挿入］タブの
そばに［N］のように、それぞれのタブにアルファベットが表示されます。
　次に［H］キーを押してみましょう。［ホーム］タブが開きます。さらにもう
一度［H］キーを押すと、「塗りつぶしの色」のパレットが表示されます。続い
て、矢印キーで色を選び［Enter］キーを押すと選択中のセルに色がつきます。

[Alt]

↓

図4-10　それぞれのタブに対応するキーが表示される

↓

[H] ※ [Alt] キーは離す

↓

図4-11 各ボタンに対応するキーが表示された

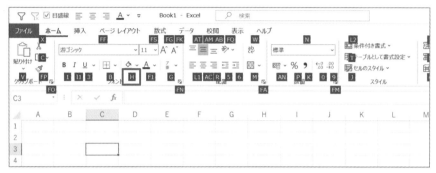

↓

[H]

↓

「塗りつぶしの色」のパレットが表示される

↓

矢印キーで色を選択して [Enter]

図4-12 「塗りつぶしの色」のパレットから色を選ぶ

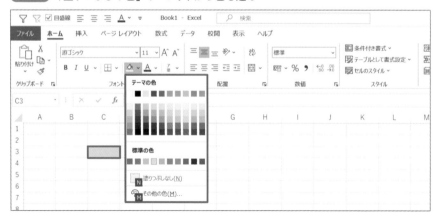

最初に［Alt］キーを押して表示されるのは、各タブを開くためのキーです。［H］は［ホーム］タブに対応しています。このキーを押すとタブが開くと同時に、そのタブにあるボタンに対応したキーが表示されます。［H］は［塗りつぶしの色］のキーです。そこで、［H］を押すと「塗りつぶしの色」のパレットが表示されるというしくみになっています。

　母体キーには、ほかに［Ctrl］や［Shift］［Windows］もありますが、もっとも難しく、奥が深いのがここで説明した［Alt］キーです。［Alt］キーの使い方は、実際に試しながら覚えるのが一番です。

チャレンジワーク①

いろいろなボタンを押してみよう

矢印キーを使う

前の項目では、ボタンをクリックする操作をキーボードで行うには、[Alt]キーを使うというお話をしました。これをエクスプローラーで行ってみましょう。エクスプローラーを開いて、ファイルを任意のフォルダーに移動してください。図では「M_memo」のなかの「アーカイブ」フォルダーに移動しました。この状態でエクスプローラーのウィンドウの左上を見ると [←]がクリックできる状態になっているはずです。

図4-13　フォルダーに移動すると [←] が選べるようになる

さて、この [←] ボタンをキーボードで操作するにはどうしたらよいでしょう。先ほどアプリが表示する画面のボタンは、[Alt] とボタンに記載されているアルファベットのキーを押すという説明をしましたが、[←] にはアルファベットが割り当てられていません。そこで、今度は手元のキーボー

ドを見てください。[←] と似たキーがありますね。そう、左矢印キーです。
では、[Alt] キーを押しながら左矢印キーを押してみましょう。画面の [←]
をクリックしたときと同じように1つ前のフォルダーに戻れたはずです。図
では、「アーカイブ」フォルダーの1階層上になる「M_memo」フォルダー
に移動しました。

［Alt］＋左矢印キー

図4-14 「M_memo」フォルダーに移動した（戻る）

ここから「アーカイブ」フォルダーに進みたいときは、[Alt] キーを押し
ながら右矢印キーを押します。

エクスプローラーでは、もう1つキーと似たボタンがあります。[↑] で
す。**[↑] は1つ上の階層に移動するボタンです。**これをキーで操作するに
は [Alt] ＋上矢印キーを押します。

ここで、[Alt] ＋上矢印キーを表示が移動しなくなるまで何度も押してみ
るとどうなるでしょう。多くの場合、最終的にデスクトップが表示されます。
最上位の階層はデスクトップという設計になっているからです。

［Alt］＋上矢印キーを数回押す

↓

図4-15 デスクトップに移動した

　この操作は「名前を付けて保存」画面などでも同じように行えます。エク
セルやパワーポイントなどのファイルをデスクトップに保存したいときは、
［F12］キーを押して「名前を付けて保存」画面を表示し、［Alt］＋上矢印
キーを何回か押せばマウスを使わずに保存先として簡単にデスクトップを指
定できます。

［F12］

↓

「名前を付けて保存」画面が表示される

↓

［Alt］＋［↑］を数回押す

↓

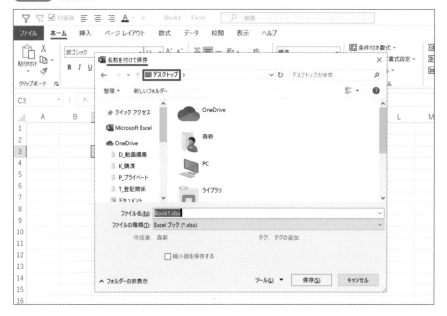

図4-16 保存先がすぐにデスクトップになった

なお、[←]（戻る）、[→]（進む）のボタンは、ファイル管理のエクスプローラーだけでなく、クロームやエッジ、IEのようなブラウザーにもあります。ブラウザーでもボタンをクリックするかわりに［Alt］＋左矢印、［Alt］＋右矢印のキーが使えます。図4-17では「天気」を検索した結果が表示されています。ここで［Alt］＋左矢印キーを押すとトップ画面に戻れます。

図4-17 「天気」の検索結果のページ

↓

［Alt］＋左矢印キー

↓

図4-18 前のページに戻った

戻ったページから再び天気のページに進みたければ、[Alt]＋右矢印キーを押してください。[Alt]と矢印キーを使う例をもう1つ紹介しましょう。エクセルでオートフィルターを設定すると、表の見出しに「▼」が表示されます。これをクリックしてデータを絞り込む条件を選ぶのですが、この操作でも「▼」と似たキーと[Alt]を組み合わせて使います。「▼」と似たキーとは下矢印キーです。**見出しのセルを選択して[Alt]＋下矢印キーを押すとリストを展開できます。**

このように[Alt]キーには、ボタンと似た形のキーと組み合わせて押すという使い方もあります。

図4-19 オートフィルターの「▼」を展開したい

[Alt]＋下矢印キー

図4-20 リストが表示された

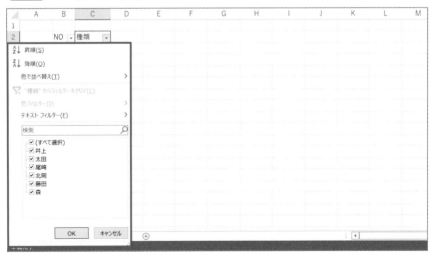

7 SECTION

チャレンジワーク②

アプリを起動して
最前面を切り替えてみよう

2つの文書を切り替えて交互に入力する

　パソコンの作業では、複数のアプリを起動して切り替えながら使うことが多々あります。ここでは、マウスを一切使わずにワードを2つ起動し、それぞれの文書に代わる代わる入力することにチャレンジします。

　まず、アプリの起動方法を復習しましょう。[Windows] キーを押して、ワードの頭文字「W」を入力するのでしたね。こうすると「W」から始まるアプリが表示されるので、矢印キーで「Word」を選択して [Enter] キーを押すとワードが起動します。[白紙の文書] が選ばれているのを確認して [Enter] キーを押すと白紙の文書が表示されます。

[Windows]

↓

[W]

↓

図4-21 「Word」を選択（必要に応じて矢印キーを使う）

↓

[Enter]

↓

図4-22 ［白紙の文書］が選択されている

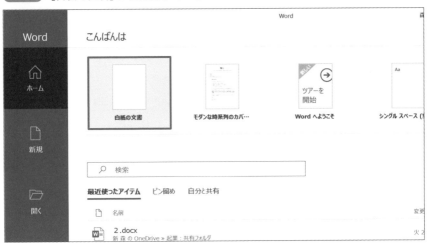

[Enter]

図4-23 白紙の文書が開いた

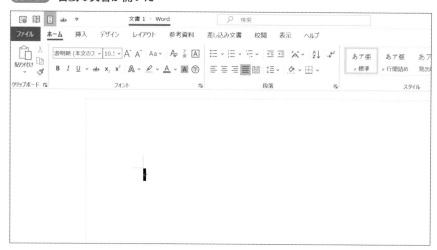

　もう一度同じ操作を繰り返して2つ目のワードを起動して白紙の文書を表示してください。

　2つのワード文書が用意できたところで、半角英数で片方には奇数の数字、もう一方には偶数の数字を順に入力してみましょう。これも、もちろんマウスは使わずにキーだけで操作します。どのようにしたらよいか、方法を思いついたでしょうか。

　まず、文書1に「1」と入力します。次に［Alt］キーを押したまま［Tab］キーを押します。起動中のアプリの一覧が表示されるので、もう1つのワード文書を選びます。ほかのアプリも表示されていたら、［Tab］キーを何度か押して、もう1つのワード文書が選択されたところでキーを離してください。白紙の文書が表示されたら「2」と入力します。ふたたび［Alt］キーを押したまま［Tab］キーを押して、先ほど「1」と入力した文書を選びます。「1」の次に「3」と入力しましょう。入力ができたら［Alt］キーを押した

まま［Tab］キーを押して「2」と入力した文書を選び、「4」と入力します。
このように［Alt］キーを押したまま［Tab］キーを押してウィンドウを切り
替える操作をしながら、数字を順に9まで入力してください。

「1」と入力

図4-24 文書1に「1」が入った

［Alt］＋［Tab］

図4-25 文書2を選んでキーを離す

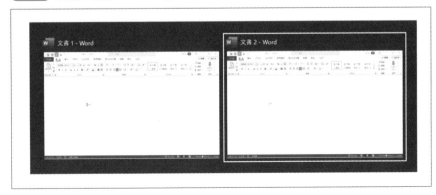

「2」と入力

図4-26 文書2に「2」が入った

[Alt] + [Tab] で画面を切り替えながら数字を入力

図4-27 文書1には奇数が入った

図4-28 文書2には偶数が入った

　最初は、切り替えづらいかもしれませんが、アプリやウィンドウを切り替える操作は頻繁に行うのでしっかり身につけましょう。

GOODBYE MOUSE

第 5 章

仕事にスピードが生まれる
「左手系ショートカットキー」

第1ターゲットは
左手のショートカットキー

いきなり脱マウスするのは危険！

　いよいよ複数のキーを組み合わせる操作に入ります。と言っても、この段階では、右手はマウス上に置いたまま、左手だけで押せるキーを学びます。こうすると、覚えきれていない分はマウスで補うこともできますし、キーとマウスを組み合わせて使うこともできて、両手を使うキーをアプリ別に暗記するより無理がなく、効率もよいのです。

　さて、ここで注意点が1つあります。ショートカットキーには、同じ効果を得られる2つのキーが存在することがあります。その一例がブラウザーやエクスプローラーのアドレスバーを選択状態にするキーです。これには[Alt]＋[D]と[Ctrl]＋[L]の2つがあります。いずれのキーを押しても同じようにアドレスバーが選択できます。

　2つのキーがあると、どちらを覚えるか迷うところですが、そんなときは、キーの位置と指の動きを考えてみてください。[Ctrl]＋[L]キーを押すには、両手を使わなければなりません。一方、[Alt]＋[D]キーは左手だけで押せます。[Alt]に親指を置いていれば、[D]は人差し指で押せるからです。

　このように、1つの操作に対して複数のショートカットキーがある場合は、左手だけで押せるキーを優先して覚えることを強くお勧めします。

2 まず押さえるべき 数字系ショートカットキー

母体キーとの組み合わせで働きが変わる

数字系のショートカットキーとは、[Ctrl][Windows][Alt]のような母体キーと数字キーの組み合わせです。

最初に、[Ctrl]と数字を組み合わせて押すキーを紹介します。主にブラウザーやコミュニケーション系のアプリで役に立ちます。このようなアプリでは、[Ctrl]+[1]、[Ctrl]+[2]のように[Ctrl]と数字のキーを組み合わせて押すと、タブやスレッドの順番に従って表示を切り替えられます。たとえば、クロームやエッジのようなブラウザーで[Ctrl]+[1]、[Ctrl]+[2]、[Ctrl]+[3]のように順にキーを押すと、左端（1番目）のタブ、その右隣り（2番目）のタブ、さらにその右（3番目）のタブのように表示を切り替えられます。

図5-1はクロームで「Google」「天気-Google検索」「ストアカ」の3つのタブを開いているところです。[Ctrl]と数字キーでタブを移動してみましょう。

図5-1 1番目のタブを開いた

↓

[Ctrl]＋[2]

↓

図5-2 2番目のタブが開いた

[Ctrl] + [3]

↓

図5-3 3番目のタブに移動した

[Ctrl] + 数字キーは、このほかアウトルック、スラック（Slack）やチームス（Teams）のようなコミュニケーション系アプリの多くで共通して使えます。次に[Windows]と数字キーの組み合わせです。これは、タスクバー（アプリのアイコンが並ぶ帯状の領域）にあるアプリのアイコンをクリックする操作になります。[Windows] + [1] キーを押すと、タスクバーの［スタート］ボタンの次にあるアプリを起動、または最前面に表示できます。[Windows] + [2] キーを押すとその次のアプリが表示されます。次の図のタスクバーには、1番目にクローム、2番目にエクセル、3番目にワードのアイコンがあります。[Windows] キーと数字キーを使ってクロームとエクセルを最前面に表示してみましょう。

[Windows] + [1]

↓

図 5-4 クロームが起動した

クロームが起動！

↓

[Windows] + [2]

↓

図 5-5 エクセルが開いた

エクセルが前面に！

最後に［Alt］キーと数字の組み合わせです。79ページでも紹介しましたが、エクセルやパワーポイントのようなアプリでは、［Alt］キーを押すと各タブに対応するキーが表示されます。そのときにクイックアクセスツールバー※に登録したボタンに対応した数字も表示されます。

　次の図では、エクセルのクイックアクセスツールバーの1番目に［フィルター］、2番目に［フィルターのクリア］のボタンが配置されています。［Alt］キーを押すと、［フィルター］が［1］、［フィルターのクリア］が［2］になることがわかります。表のなかのセルを選択して、［Alt］キーを押し、次に［1］キーを押せば、フィルターが設定できるわけです。

※クイックアクセスツールバーとは、よく使うコマンドやキーをアプリ上部のバーに
　登録し、すぐに実行できるようにする機能です。

[Alt]

↓

図5-6　**クイックアクセスツールバーのボタンに対応する数字キーが表示される**

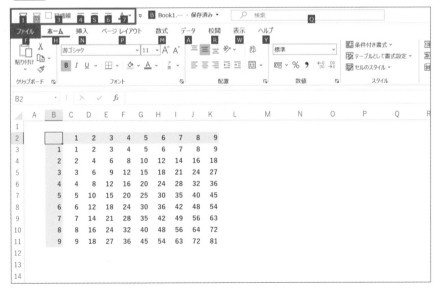

↓

［1］

↓

図5-7 フィルターが設定された

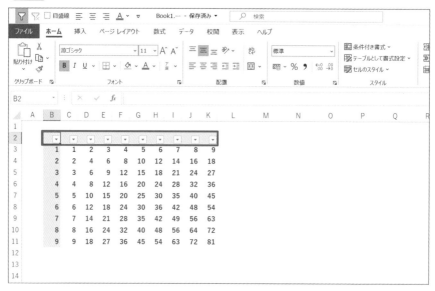

　逆にフィルターに条件が設定された状態で［Alt］キーを押し、次に［2］キーを押すとフィルターの条件をクリアできます。

　このように、数字のキーは母体キーとの組み合わせによって、働きが異なります。

3 SECTION

ウィンドウ、アプリを
切り替えるキー

サムネイルを表示して選択する

　前面に表示するウィンドウやアプリを切り替えたいとき、マウス操作では
タスクバー上のアイコンをクリックします。これと同じことをキーで行いま
す。まず［Alt］＋［Tab］キーを押してください。そうすると起動中のウィ
ンドウやアプリの画面のサムネイルが表示されます。

［Alt］＋［Tab］

図5-8 開いているウィンドウの一覧が表示された

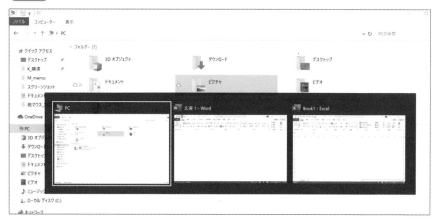

図はエクスプローラーとワード、エクセルの3つを開いていて、エクスプローラーを前面に表示した状態で［Alt］＋［Tab］キーを押したところです。このまま［Alt］キーの指を離さずに［Tab］キーを押すと、1回押すたびに選択が右に移動します。

［Alt］を押したまま［Tab］を2回押す

図5-9 エクセルが選択できた

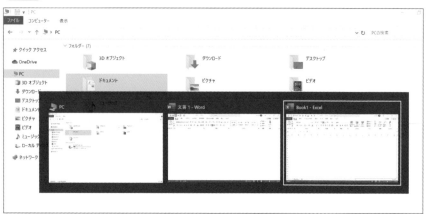

エクセルが選択されたところで、キーを離すとエクセルが前面に表示されます。起動中のウィンドウやアプリが3つ程度なら、この方法だけで選択できますが、ウィンドウの数が多い場合は［Alt］＋［Tab］キーを押したときにサムネイルが上下に表示されます。そうすると［Tab］キーを複数回押してウィンドウを選ぶのにも時間がかかりますし、［Tab］を押しすぎて戻したくなることもあるでしょう。**サムネイルの数が増えたら、［Tab］キーではなく上下左右の矢印キーで目的のウィンドウを選択するのがおすすめです。**
　このときも［Alt］キーは押したまま矢印キーを押してください。

図5-10 ［Alt］キーと矢印キーで目的のウィンドウを選択

　矢印キーを組み合わせるとなると、右手を使うことになって少々レベルが上がります。そこで左手だけで選択を移動する方法もお伝えしておきます。サムネイルを表示してから、［Alt］キーを押したまま［Tab］キーを押すと、選択が右へ移動するのでしたね。これを何度か押していくと、最初の位置に戻るので選び直せます。また、目的のウィンドウを通りすぎてしまった直後なら［Alt］キーを押したまま［Shift］＋［Tab］キーを押して戻ることもできます。

画面を閉じる

SECTION 4

閉じる画面によってキーを使い分ける

　表示中の画面を閉じるキーには2種類あります。1つはアプリが表示する画面、たとえば35ページの「検索と置換」のような画面を閉じる［Esc］キー。2つ目はアプリケーションそのものを閉じる［Alt］＋［F4］キーです。

Esc

　アプリによって表示される設定や操作の画面を閉じるには［Esc］キーを押します。このキーについては34〜36ページでも詳しく説明していますので参考にしてください。

　［Esc］は「Escape」の略で、英単語としては「逃げる」のような意味、コンピューター用語としては「コマンドを取り消す」「ファイルを閉じる」「1つ前のメニューに戻る」などの意味があります。詳しい意味を覚える必要は

ありませんが、このようなイメージを持っていてください。そうすると、ほかの場面でも応用が利きやすくなります。たとえば、次の図のように、うっかりキーを連打してしまっても［Esc］キーでキャンセルできると推測できるでしょう。

図5-11 「あ」を連打してしまった！

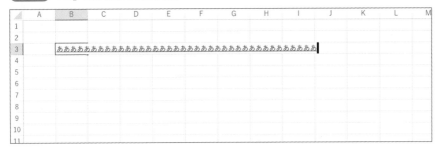

［Esc］※［Esc］キーを2回押すこともある

図5-12 一気に消えた

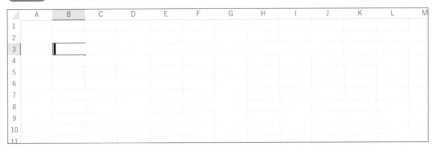

アプリが表示する画面は［Esc］キーで閉じられますが、**アプリそのもの を閉じるキーは別にあります。アプリを終了したいときは［Alt］＋［F4］ キーを押します。** キーを押したときに、最新のデータが保存されていないと、 保存を促す画面が表示されるので、保存するか、しないかを選べます。

［Alt］＋［F4］

図5-13 保存を確認する画面が表示された

図はエクセルで、まだ保存していないブック（ファイル）を［Alt］＋
［F4］キーで閉じようとしたときに表示される画面の例です。すでに名前を
付けて保存したことのあるブックで［保存］を選ぶと、上書き保存されます。

COLUMN

ホワイトカラーに求められる自己破壊力と創造力

　ホワイトカラーの多くの仕事はいずれなくなると言われています。私
もそう思います。

　この予測で理想とされている流れは、作業がITによって効率化とい
う「破壊」が行われ、その生み出された余白で、「新たな付加価値」を
作り上げるというものです。ここで注意したいのが、「破壊される側な
のか、破壊する側なのか」という点です。

　私は2名体制でやっていた作業が、他社の提案によるIT化で、すべ
て代替・破壊される瞬間に立ち会ったことがあります。当人たちは、最
初は喜んでいましたが、次第に、「次に何をしたら良いかわからない恐
怖」と戦っている表情に変わっていきました。

　仮に、突然月間150時間の余白が生まれたら、皆さんは何をしたいで
しょうか？　どんな働きで、社会や組織に貢献をしていくでしょうか？
この問いとセットで、作業を自己破壊できるかどうかが問われ始めてい
ると強く感じています。

　とは言っても、これは稀な例で、IT化による業務の破壊にはまだ何
年も実際にはかかるはずです。まずは、関係者を巻き込まずに済む、自
分の手元の動き（脱マウス）から、自己破壊に挑戦してみてください！

5 アドレスバーの選択

アドレスの上書き・コピーをしたいときに便利

　エクスプローラーやブラウザーで、アドレスバーに表示されているアドレスやファイルのパス（ファイルやフォルダのありかを示す文字列）を選択したいときに使うのが［Alt］＋［D］キーです。アドレスを上書きしたり、コピーしたいときに役に立ちます。

　覚え方としては、アドレス（Address）の先頭の文字「A」から始まる［Alt］と、アドレスの2文字目と同じ［D］キー、のように関連づけてみてはいかがでしょう。

［Alt］＋［D］

↓

108

図5-14 アドレスバーが選択できる

操作を戻る・進む

「しまった！」というときに役立つキー2種

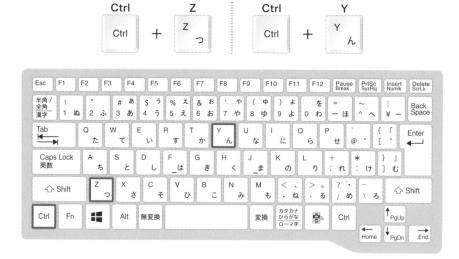

　実行した操作をやめて、元に戻したいときは［Ctrl］＋［Z］キー、戻した操作をキャンセルしたい（進めたい）ときは［Ctrl］＋［Y］キーを使います。これを覚えておくと間違ったときの取り消し、取り消しをやめるという操作が簡単に行えます。試してみましょう。

　次の図では、「Z」と入力してある図をコピーしました。

図5-15 「Z」の図をコピーした

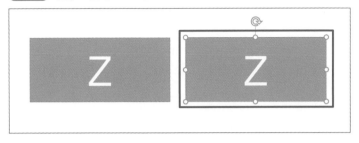

図の「Z」を「Y」に上書きします。

図5-16 「Z」を「Y」に上書き

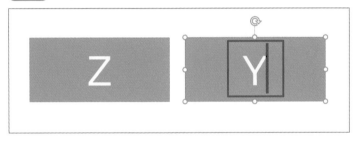

　ここで［Ctrl］＋［Z］キーを押すと、「Y」の字の入力が取り消され「Z」に戻るので、［Esc］キーを押して入力を終了します。すると、図5-17のように「Z」で確定されて最初と同じ状態になります。

［Ctrl］＋［Z］

↓

［Esc］

↓

図5-17 「Z」に戻った

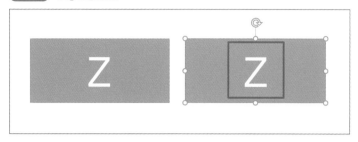

　その状態から、[Ctrl]＋[Y] キーを押すと取り消した操作を進めて文字が「Y」に変わります。

[Ctrl]＋[Y]

図5-18 操作が進んで「Y」になった

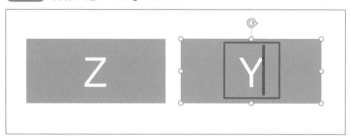

　このように、[Ctrl]＋[Z] と [Ctrl]＋[Y] で操作を戻したり、進めたりできます。そして [Ctrl]＋[Z] と [Ctrl]＋[Y] は、各種のアプリで共通して使えるキーです。ただし、なかには取り消しができない操作もあるので注意してください。たとえば、エクセルのシートの追加や削除、エクセルやパワーポイントなどで [ファイル] タブ → [オプション] を選択して行った設定などです。

すべて選択

「All」の「A」ですべて選択

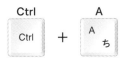

　[Ctrl]＋[A]は、最前面のウィンドウでカーソルがある位置を基準に、すべてを選択するキーです。「All」の「A」と覚えましょう。

　このキーで選択できる「すべて」は、アプリによって、また、そのときのカーソルの位置（選択している位置）によって変わります。たとえば、ワードの文書画面では、カーソルがどこにあっても文書全体が選択できます。パワーポイントの標準表示のスライド一覧で任意のスライドを選択した状態で、このキーを押すとすべてのスライドが選択されますし、スライドを作成したり編集したりしている状態で[Ctrl]＋[A]を押すと、そのスライドの要素（図形やテキストボックスなど）がすべて選択できます。

　また、エクセルではデータが入力されている位置や選んでいるセルによっ

て、このキーで選択できる範囲が異なります。たとえば、表のなかのセルを選択した状態で［Ctrl］＋［A］を1回押すと表全体が選択され、続けて［Ctrl］＋［A］をもう一度押すと、ワークシート全体が選択できます。表になっていない場合は、1回押すだけでワークシート全体の選択になることもあります。次の図は、何も入力していないワークシートの任意のセルを選んだ状態で［Ctrl］＋［A］キーを押した場合の例です。

図5-19 空白のシートでランダムにセルを選ぶ

［Ctrl］＋［A］

図5-20 シート全体が選択できる

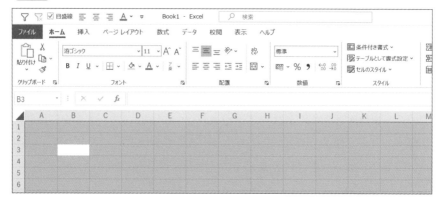

新しい（アイテム）画面を開く

新しいワークシート・スライド・文書・メールを作る

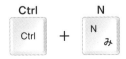

　アプリで新しい画面を開きたいときは、[Ctrl] + [N] キーを押します。「N」は「New Item」の「N」と覚えましょう。[Ctrl] + [N] は最前面のアプリで、新しい画面やアイテムを開く操作を行いたいときに役立つキーです。[Ctrl] + [N] を押して表示される画面は、アプリによって異なります。

　たとえば、パワーポイントで [Ctrl] + [N] キーを押すと、新しいプレゼンテーションの画面が開いて前面に表示されます。元のプレゼンテーションも別のウィンドウで開いたままになっています。

図 5-21 スライドを作成中

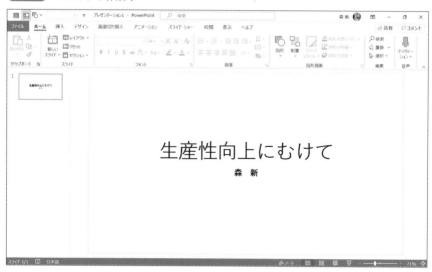

[Ctrl] + [N]

図 5-22 新しいプレゼンテーションが開いた

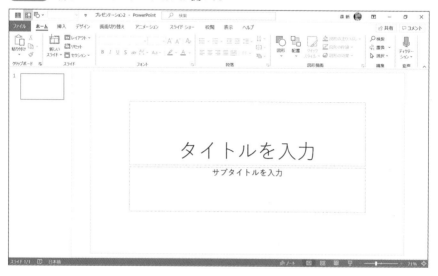

エクセルやワードでも、[Ctrl] ＋ [N] キーを押すと新しいブックや新しい文書が開きます。また、ブラウザーで [Ctrl] ＋ [N] を押すと、ブラウザーの画面がもう1つ立ち上がります。

ここまでは、アプリそのものが新しく起動しましたが、アウトルックでは動きが少し異なります。アウトルックのメール画面で [Ctrl] ＋ [N] を押すと新しいメールの作成画面が開きます。

図5-23 **アウトルックで受信トレイを開いている状態**

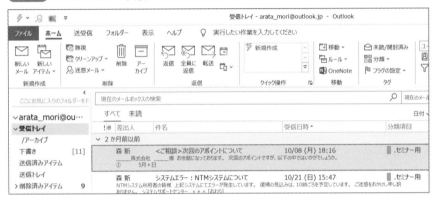

[Ctrl] ＋ [N]

図5-24 **新しいメールの作成画面が表示された**

アウトルックの予定表画面では、[Ctrl] + [N] キーを押すと新しい予定を追加する画面が開きます。

図5-25 アウトルックの予定表を開いている状態

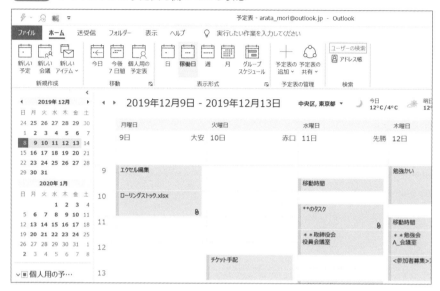

[Ctrl] + [N]

図5-26 新しい予定を追加する画面が表示された

デスクトップへ移動する

開いているウィンドウをまとめて最小化する

　エクセルで作業をしている最中に、デスクトップに保存したフォルダーのなかのファイルを開く必要が生じたら、あなたはどのように操作するでしょう。エクセルのウィンドウの右上にある最小化ボタンをクリックしてデスクトップを表示し、フォルダーをダブルクリックするかもしれません。しかし、もしエクセルのほかにワードやパワーポイント、アウトルックも開いていたら、この方法ではアプリのウィンドウを最小化する操作を繰り返すことになり、時間がかかります。

　こんなときに活用したいのが、複数のウィンドウを開いていても、いっきにデスクトップを表示する [Windows] + [D] **キーです。**「D」は「Desktop」の頭文字と覚えましょう。

［Windows］＋［D］でデスクトップを表示したあと、アプリの画面に戻りたければ、もう一度同じキーを押してください。タスクバーのアイコンをクリックして戻すより、ずっと手軽です。さて、［Windows］＋［D］でデスクトップを表示したのは、デスクトップにあるフォルダーやファイルを利用するためでした。そこで、デスクトップを表示したあとに素早く目的のフォルダーやファイルを選択する方法も紹介しましょう。フォルダー名やファイル名が半角英数（キーに記されている英字や数字）なら、半角入力モードでその名前の頭文字あるいは先頭から数文字を入力するだけで、フォルダーやファイルが選択できます。たとえば、図の例では、デスクトップに移動してから［M］キーを押すと、「M_memo」フォルダーが選択できます。

［Windows］＋［D］でデスクトップを表示

［M］※うまく選択できない場合は先に［Esc］キーを押してください

図5-27 「M」で始まるフォルダーが選択できた

　フォルダーやファイルが選択できたら、［Enter］キーを押せば開けます。デスクトップにアプリのアイコンがある場合も、同じようにして先頭の文字を入力して選択し、［Enter］キーで起動できます。

エクスプローラーの起動

エクスプローラーの起動

　[Windows] キーと「Explorer」の頭文字の [E] キーを同時に押すと、ファイルのエクスプローラーが開きます。このキーでエクスプローラーを開いたあとは、上下の矢印キーでフォルダーやファイルを選択します。

[Windows] ＋ [E]

図5-28 エクスプローラーが開いた

図5-29 上下の矢印キーでフォルダーを選択

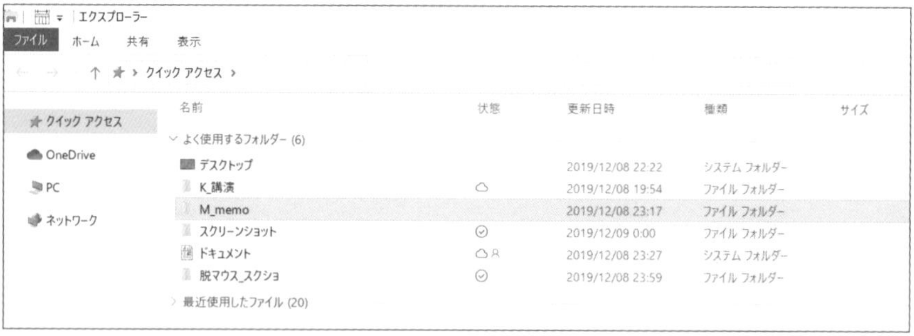

　目的のフォルダーやファイルが選択できたら［Enter］キーを押して開きます。

　左側のナビゲーションウィンドウで、「OneDrive」や「PC」を選択したい場合は、［Tab］キーを何度か押してナビゲーションウィンドウの項目（たとえば、「クイックアクセス」）が選択されてアクティブになってから、上下の矢印キーを使って選んでください。

「ファイル名を指定して実行」を起動

アプリやファイルがすぐに開ける便利ワザ！

[Windows] キーを押しながら [R] キーを押すと、「ファイル名を指定して実行」という画面が開きます。

[Windows] + [R]

図5-30 「ファイル名を指定して実行」が開く

この画面の「名前」欄にアプリの名前やフォルダー（ファイル）のパス、ウェブページのアドレスなどを入力して［Enter］キーを押すと、そのアプリが起動したり、フォルダー（ファイル）が保存された場所やウェブページが開きます。

図では、「arata」というユーザーのデスクトップに保存してある「M_memo」フォルダーを開こうとしています。

図5-31 フォルダーのパスを入力

［Enter］

図5-32　フォルダーが開いた

名前	更新日時	種類	サイズ
アーカイブ	2019/12/08 23:20	ファイル フォルダー	
M_memo - (1).xlsx	2019/08/14 8:09	Microsoft Excel ワーク...	7 KB
M_memo - (2).xlsx	2019/08/14 8:09	Microsoft Excel ワーク...	7 KB
M_memo - (3).xlsx	2019/08/14 8:09	Microsoft Excel ワーク...	7 KB
M_memo - (4).xlsx	2019/08/14 8:09	Microsoft Excel ワーク...	7 KB
M_memo - (5).xlsx	2019/08/14 8:09	Microsoft Excel ワーク...	7 KB

C:¥Users¥arata¥Desktop¥M_memo
ファイル　ホーム　共有　表示
PC ＞ デスクトップ ＞ M_memo ＞
クイック アクセス
OneDrive
PC
ネットワーク

　さて、ここまで読んで「フォルダーの保存先をパスで入力するのは難しそう」と思う人がいるかもしれません。しかし「ファイル名を指定して実行」の「名前」欄には、入力されたパスなどを履歴として保存する機能があります。**ですから、一度開いたことがあれば、それ以降は「名前」欄に前回開いたフォルダーなどのパスが表示されます。**図のように、それ以前の履歴を表示して選ぶ方法は186ページをご覧ください。

図5-33　「名前」欄には履歴が残っている

ファイル名を指定して実行

実行するプログラム名、または開くフォルダーやドキュメント名、インターネット リソース名を入力してください。

名前(O): C:¥Users¥arata¥Desktop¥M_memo

C:¥Users¥arata¥Desktop¥M_memo
C:¥Users¥arata¥OneDrive¥K_講演
notepad
shell:startup
excel
powershell

　そもそも、1回目に入力すべきファイルやフォルダーのパスがわからない、という人もいるかもしれませんが安心してください。ファイルやフォルダーのパスをコピーする方法は174ページの第6章「7 フォルダーパス・ファイルパスのコピー」にあります。コピーしたパスを「ファイル名を指定して実行」画面の「名前」欄に貼り付け、[Enter]キーを押して一度開けば、次からは履歴を使って開けるようになります。

応用になりますが、「ファイル名を指定して実行」画面を使って、パソコンを起動したときに立ち上げるアプリを指定することもできます。多くの人は出社して、パソコンのスイッチを入れ、ウィンドウズが起動すると、次にメールアプリもしくは、チャットアプリなどのコミュニケーション用のアプリを開くでしょう。

　このようにパターン化した操作こそパソコンに任せて時短を図りたいものです。ウィンドウズでは、「スタートアップ」というフォルダーにアプリのショートカットを保存しておけば、ウィンドウズを起動したときにそのアプリを自動的に開くという機能があります。この「スタートアップ」フォルダーを開くのに便利なのも「ファイル名を指定して実行」画面なのです。操作方法は次のとおりです。

　［Windows］＋［R］キーを押して「ファイル名を指定して実行」画面を開き、「名前」欄に「shell:startup」と入力して［Enter］キーを押します。

図5-34 「shell:startup」と入力

[Enter]

図5-35 「スタートアップ」フォルダーが開く

これで「スタートアップ」フォルダーが開きます。続いて [Windows] キーを押してスタートメニューを表示し、コミュニケーション用のアプリを「スタートアップ」フォルダーにドラッグしてください。

図5-36 スタートメニューからアプリをドラッグ

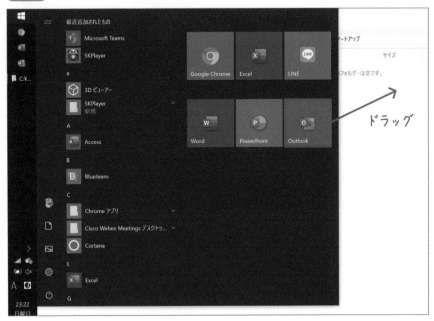

図5-37 「スタートアップ」フォルダーにアプリが入った

「スタートアップ」フォルダーにコミュニケーション用のアプリ（図ではアウトルック）のショートカットが保存されます。次回以降は、ウィンドウズ

を起動すると、コミュニケーション用のアプリも自動的に開くようになります。コミュニケーション用のアプリに限らず、エクセルでもワードでも業務に合わせて「スタートアップ」フォルダーにショートカットを保存しておくと、毎朝、起動する手間が省けます。

なぜ、ショートカットキーやキーボードの学習を 軽視する組織が多いのか？

　日本は、製造業が占める割合が高いこともあり、KAIZEN という言葉が国外でも通用するほど、改善意識が高い国です。工場部門では、1秒たりともムダを生まないように組織的に改善を積み重ねています。

　内勤部門でも、同様の改善意識がある組織は多い一方で、即効性の高い、ショートカットキーの学習を重要視している組織を見たことがありません。

　ショートカットキーは言い換えれば、生産性の高い操作です。つまり、これを重要視しないということは、生産性の低い操作を組織全体として許容していることになります。これはなぜなのでしょうか？

　私の結論としては、「①計測する方法がないと思い込まれている」、「②超人的なスキルと勘違いされている」、この2点だと考えています。

　①は、習得数を計測するだけでも十分です。②については、キーボード起点でロジカルに学習していけば、誰でも習得できると年齢が高い層にも丁寧に伝えていけば意識を変えていけると考えています。皆さんも周りの方も巻き込んで、「組織の生産性向上」にも挑戦してみませんか。

12 検索

SECTION

ウェブページや文書のなかの文字を探す

　検索を行いたいときは［Ctrl］＋［F］キーを押します。「Find」（見つける）の「F」と覚えるとよいでしょう。このキーは、エクセル、パワーポイント、ワード、ブラウザーなど各種のアプリで利用できます。しかしアウトルックだけは、［Ctrl］＋［F］キーが「転送」に割り当てられているので、［Ctrl］＋［E］キーで検索します。そして、エクスプローラーでは、［Ctrl］＋［F］、［Ctrl］＋［E］のどちらを使っても検索が行えます。

　クロームでページ内を検索してみましょう。［Ctrl］＋［F］キーを押すと検索ボックスが表示されます。

[Ctrl] + [F]

↓

図5-38 検索ボックスが表示された

探したい文字を入力して[Enter]キーを押すと、検索結果が強調表示されます。図では「Google」を検索した結果、ページにある「Google」が強調されています。

図5-39 「Google」が強調される

エクセルで［Ctrl］＋［F］キーを押すと、「検索と置換」画面の［検索］タブが開きます。パワーポイントでもエクセルと似た「検索」の画面が開きます。

［Ctrl］＋［F］

図5-40 **エクセルでは「検索と置換」画面の「検索」が開く**

エクスプローラーで［Ctrl］＋［F］または［Ctrl］＋［E］キーを押すと、検索ボックスが選択されます。このボックスに探したいファイルやフォルダーなどの名前あるいは名前の一部を入力して［Enter］キーを押すと検索できます。

［Ctrl］＋［F］**または**［Ctrl］＋［E］

図5-41 検索ボックスが選択された

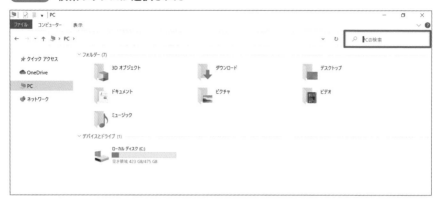

13 上書き保存

最新のデータを上書き保存する

　万が一、アプリやパソコンがフリーズしたときに備えて、ファイルをこまめに上書き保存する習慣がある人は多いことでしょう。最短で上書き保存できるのが［Ctrl］＋［S］キーです。「S」は「Save」の頭文字です。アプリの種類やバージョンによっては［Ctrl］＋［S］キーを押しても、何も変化がみられませんが、最新のエクセルやパワーポイントなどのオフィスアプリでは、タイトルバーに「保存しました」あるいは「この PC に保存済み」のような文字が表示されます。この文字がなければ［Ctrl］＋［S］で上書き保存する、というように保存の目印にしてください。上書きではなく、別の名前を付けて保存したい場合は、［F12］キーを押せば「名前を付けて保存」画面を呼び出せます。［F12］キーの使い方は54ページからあります。

14 SECTION

文字揃え

レフト、センター、ライトに揃える

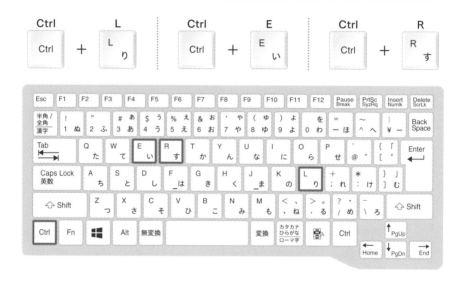

　書類やスライドを作る際には、文字の位置を左右や中央に揃えることがあります。これもショートカットキーで行えます。覚え方は野球のようにレフト、センター、ライトです。いずれも［Ctrl］キーと組み合わせて、ライトの「R」で右揃え、レフトの「L」で左揃えです。3つ目の中央揃えはセンターの「C」と言いたいところですが、［Ctrl］＋［C］はコピーに割り当てられているので使えません。そこで「cEnter」の2文字目の「E」を使って、［Ctrl］＋［E］で中央揃えができるようになっています。

　なお、このショートカットキーが使えるのは、アウトルック、ワード、パワーポイントです。エクセルでは利用できません。

　使い方は、まず、位置揃えをする段落にカーソルを置きます。そして

［Ctrl］＋［E］キー（右揃えなら［Ctrl］＋［R］、左揃えなら［Ctrl］＋［L］）を押すと、文字が中央（右、左）に揃います。

［Ctrl］＋［E］

図5-42 **文字が中央揃えになった**

　アウトルックやパワーポイントでは、［Ctrl］＋［R］、［Ctrl］＋［E］、［Ctrl］＋［L］の各キーは、右揃え、中央揃え、左揃えの機能だけですが、ワードでは、これらのキーで文字揃えの位置を解除することもできます。たとえば、中央揃えになっている段落にカーソルを置き、［Ctrl］＋［E］キーを押すと文書の初期設定である両端揃えに戻る（見かけ上は左揃えと同じ）といった具合です。

　しかし、ワードでは文書のページ設定が「原稿用紙の設定にする」になっていると、文字の位置揃えができないためキーを押しても何も起こりません。文字を中央揃えなどにしたければ、ページ設定を変えてください。

15 標準書式にする

混在した書式をまとめて統一できる

　文字のフォントを変えたり、色やサイズを変えるなどして、メールや文書、スライドのなかに各種の書式が混ざることがあります。そして、これをいったん標準に戻したいと思うこともしばしばあることでしょう。変更した文字書式を標準（最初の状態）に戻したいときは、［Ctrl］＋［スペース］キーを使います。対象とする範囲を選択して、このキーを押せば、その範囲の書式がすべて標準に戻ります。アウトルックの新規メールの作成画面で試してみましょう。次ページの図では、色やサイズが違っていたり、太字とそうでないフォントが混在しています。さまざまな書式が設定された範囲を選択して、［Ctrl］＋［スペース］キーを押してください。

図5-43 書式が混在してしまった範囲を選択

↓

[Ctrl] + [スペース]

↓

図5-44 標準の書式に統一された

　選択した範囲の文字が標準の書式に戻ります。青や緑の色がなくなり、太字の設定も削除されて、文字サイズも揃いました。

　ここまで、[Ctrl] + [スペース] キーで標準書式に戻せるという説明をしてきましたが、「標準書式」はアプリによって異なりますし、それぞれのユーザーの設定によっても違います。その代表的な例がパワーポイントのス

ライドです。スライドを作るときはテーマを設定します。そして、テーマに
よってフォントの種類、大きさ、色などが変わります。[Ctrl] + [スペー
ス] キーを押すと、それまで個別に設定していた書式がクリアされ、スライ
ドのテーマのフォントに戻ります。ここでは、このような元の書式を標準書
式と呼んでいます。

　また、アウトルックでは、[ファイル] タブを開いて [オプション] を選び、
オプションの画面の左側で [メール] を選ぶと、右側に [ひな形およびフォ
ント] というボタンがあります。

　これを選んで、次の画面で「新しいメッセージ」の [文字書式] ボタンを
選びます。そうすると「フォント」画面の [フォント] タブが開き、「プレ
ビュー」欄でフォント名、「サイズ」欄でサイズ、「フォントの色」欄で色と
いうように、標準のフォントの定義を確認でき、変更もできます。

16 書式だけをコピー＆ペースト

SECTION

書式を使い回して効率アップ

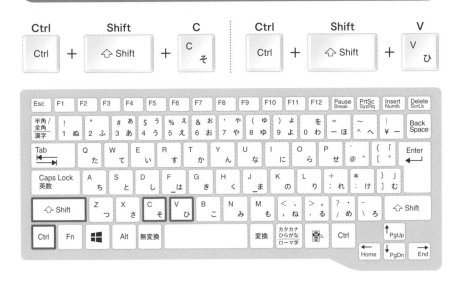

　これは、設定してある書式を別の文章や図のようなオブジェクトにコピーするためのキーです。主にパワーポイントやアウトルック、ワードで使えます。**コピペのキーである［Ctrl］＋［C］と［Ctrl］＋［V］に［Shift］キーを足すと書式のコピペにシフトすると覚えましょう。**

　書式をコピーするには、まず、コピーしたい書式を設定した図や文字、段落を選択します。次に［Ctrl］＋［Shift］＋［C］キーを押して書式をコピーします。

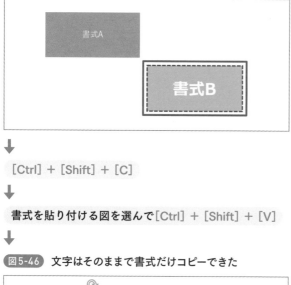

図5-45 コピーする書式が設定された図を選択

↓

[Ctrl] + [Shift] + [C]

↓

書式を貼り付ける図を選んで[Ctrl] + [Shift] + [V]

↓

図5-46 文字はそのままで書式だけコピーできた

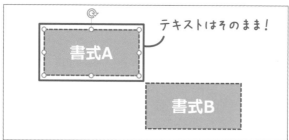

　続いて、書式を貼り付けたい図形や文字などを選択して［Ctrl］＋［Shift］＋［V］キーを押すと、書式がコピーされます。図では図形や文字の色、文字の大きさなどの書式が貼り付けられました。

　ところで、書式にはフォントの種類や文字色、太字などの文字書式と中央揃えのような段落の書式があります。上の図は、図形の書式の例ですが、ワードやパワーポイント、アウトルックのメール作成画面の文字列では、コピー元の文字列を選択して［Ctrl］＋［Shift］＋［C］キーを押し、コピー先の文字列を選択して［Ctrl］＋［Shift］＋［V］キーを押すと、文字書式と段落書式の両方が貼り付けられます。

タブの切り替え

17

［Tab］キーの「→」と「←」を理解しよう！

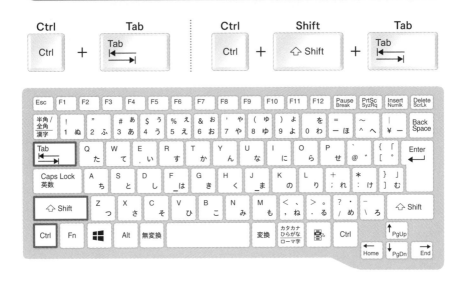

　アプリが操作や設定のために表示する画面のうち、上部にタブがあって内容を切り替えられるようになっているものがあります。たとえば、インターネットブラウザのタブ、エクセルの「セルの書式設定」、ワードの「段落」のような画面です。エクセルの「セルの書式設定」には、［表示形式］［配置］［フォント］［罫線］［塗りつぶし］［保護］の6つのタブがあり、これをクリックすることで、設定できる項目が変わります。

　アプリが表示する画面のタブをクリックする操作は、［Ctrl］＋［Tab］キーで行えます。［Ctrl］＋［Tab］キーを押すと右隣りのタブが開き、キーを押すたびに開くタブが右に移動していきます。

　図では［表示形式］タブが開いています。この状態で［Ctrl］＋［Tab］

キーを押すと、右隣りの［配置］タブが開きます。

図5-47 ［表示形式］タブが開いている

[Ctrl] + [Tab]

図5-48 ［配置］タブが開いた

［配置］タブが開いたところで、もう一度［Ctrl］＋［Tab］キーを押すと、［フォント］タブ、さらに［Ctrl］＋［Tab］を押すと［罫線］タブのように右に移動します。

　ここで思い出していただきたいのが、［Tab］キーに記されている矢印です。［Tab］キーの１階部分には右矢印があります。［Ctrl］＋［Tab］キーでタブの選択が右方向へ移動するのには、この１階部分の機能を使っています。そして［Tab］キーの２階部分には左矢印があります。これは左へ移動する働きを示しています。２階部分の機能を使うには［Shift］キーと組み合わせるのでしたね（22ページ参照）。**「セルの書式設定」のようなアプリが表示する画面でも［Ctrl］＋［Shift］＋［Tab］キーを押すと、タブの選択が左方向へ移動します。**

　タブがあるのは、アプリが表示する画面だけではありません。クロームやエッジのようなブラウザーにもタブがあります。ここでも、［Ctrl］＋［Tab］キーでタブの選択を右へ移動、［Ctrl］＋［Shift］＋［Tab］キーでタブの選択を左へ移動できます。次の図は、クロームでタブの選択を右に移動する例です。「Google」タブから「天気 – Google 検索」タブに移動しています。

図5-49　クロームで左端のタブを表示している

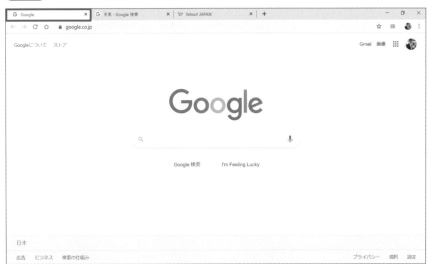

↓

[Ctrl] + [Tab]

↓

図5-50 右隣りのタブに移動して、「天気 – Google 検索」が開いた

範囲を指定して画面を撮影する

ウィンドウズ10の「切り取り＆スケッチ」を使う

　表示中の画面を撮影したいときは、一般的には［PrtSc］キーを押します
が、ウィンドウズ10以降では、［Windows］＋［Shift］＋［S］キーを押せば、
「切り取り＆スケッチ」アプリが起動し、画面の任意の範囲を撮影できます。
撮影（切り取り）する範囲は、［四角形の領域切り取り］［フリーフォーム領
域切り取り］［ウィンドウの領域切り取り］［全画面表示の領域切り取り］か
ら選べます。たとえば、［四角形の領域切り取り］を選んで画面上の任意の
範囲をドラッグすると、四角く撮影（切り取り）できます。

　このようにして撮影した画面は、メールや文書、スライドなどに［Ctrl］
＋［V］キーを押して貼り付けます。

操作の例として、ウェブページの一部を撮影して、メールに貼り付けてみます。

　撮影する画面を前面に表示して［Windows］+［Shift］+［S］キーを押します。

［Windows］+［Shift］+［S］

図5-51　ドラッグで範囲を指定すると撮影できる

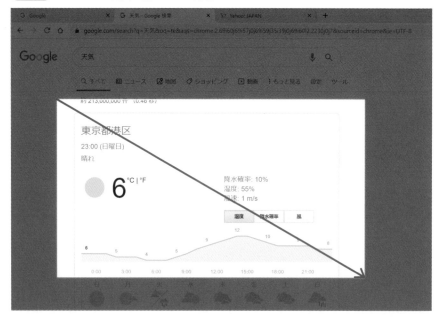

　ドラッグした範囲の画像がクリップボードにコピーされるので、貼り付けたいメールや文書などを開いて［Ctrl］+［V］キーを押して、画像を貼り付けます。

[Ctrl] + [V]

↓

図5-52 撮影した範囲をメールに貼り付けられた

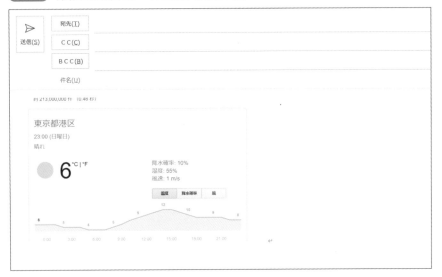

　また、ドラッグ直後に「切り取り領域がクリップボードに保存されました」というメッセージが表示されるので、これをクリックすると「切り取り＆スケッチ」アプリを使って、撮影した画像を保存することもできます。

※画面の撮影のショートカットキーは、会社が所有するPCの場合、セキュリティ上、
　動作しないように設定されているケースがあります。

リボンの開閉

リボンを閉じて画面を広く使う

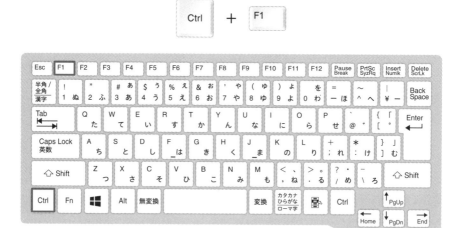

　アウトルックやエクセル、パワーポイントなどの画面の上部には「リボン」と呼ばれる領域があり、アプリの機能を使うためのボタンが配置されています。リボンは、アプリをマウスで操作する場合に、各種の機能を見つけやすく、クリックだけですぐに使えるようにしたものです。しかし、キーで操作するようになるとリボンにあるボタンを使う頻度が下がります。**リボンの領域を使わないのなら、通常はリボンを非表示にし、必要なときだけ表示すれば、3cmほどのリボンの分だけ画面が広く使えます。**

　リボンの表示と非表示は［Ctrl］＋［F1］キーで切り替えられます。リボンを表示した状態で、［Ctrl］＋［F1］を押すとリボンが非表示になり、非表示の状態で［Ctrl］＋［F1］を押すとリボンを再表示できます。

図5-53 リボンが表示されているので画面が狭い

↓

[Ctrl] + [F1]

↓

図5-54 リボンの分だけ画面が広くなった

リボンを非表示にすると、［ホーム］のようなタブとその上にあるクイックアクセスツールバーやタイトルが表示された領域が残ります。この領域も不要なら［Shift］キーを加えて、［Ctrl］＋［Shift］＋［F1］キーを押しましょう。タブとクイックアクセスツールバーの領域も非表示にできます。

［Ctrl］＋［Shift］＋［F1］

↓

図5-55 **スライドの画面だけにもできる**

　［Ctrl］＋［Shift］＋［F1］キーを押すと、アプリ画面の上部だけでなく、下部にあるステータスバーも非表示になります。私は、エクセルやパワーポイントで、編集しながらプレゼンするときに、この表示方法を活用しています。

　リボンやタブなどの領域の表示と非表示を切り替える設定は、次に新規作成するメールやブック、プレゼンテーションの表示にも有効です。たとえばエクセルでリボンを非表示にした状態でブックを終了すると、次にエクセルを起動したときはリボンが非表示になるということです。

キーボードだけでファイルを
デスクトップに保存する

「名前を付けて保存」画面を開いて保存する

　ここまで学習してきたキー操作を使って、エクセルまたはワード、パワーポイントを開き、ファイルに名前を付けてデスクトップに保存しましょう。

　アプリの起動は［Windows］キーを押してから、アプリ名の先頭の文字を入力してアプリを見つけるのでしたね。覚えていたでしょうか。ここでは例としてエクセルを開くので、先頭の文字は「E」を入力します。

[Windows]

図5-56　スタートメニューが開く

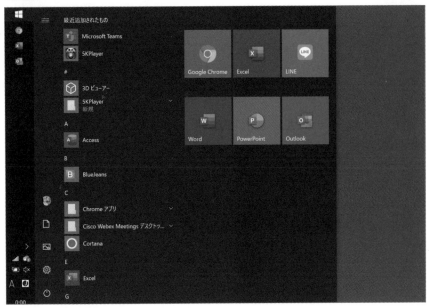

↓

[E]

↓

図5-57 「Excel」を選択して [Enter]

「E」から始まるアプリが表示されるので、矢印キーで「Excel」を選択して [Enter] キーを押してください。エクセルが起動するので、[空白のブック] が選択されていることを確認して [Enter] キーを押すと、ワークシートの画面になります。続いて保存の操作です。[F12] キーを押すと「名前を付けて保存」画面になります。

[F12]

↓

図5-58 「名前を付けて保存」画面になる

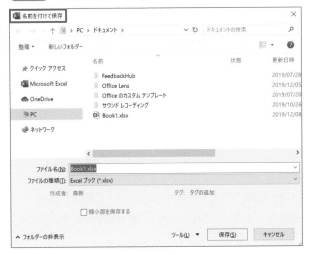

[Alt] ＋ [↑] キーを何回か押すと、保存場所が「デスクトップ」になります。次に「ファイル名」欄に任意の名前を付けて [Enter] を押せば、ブックをデスクトップに保存できます。図5-59では「memo」という名前のエクセルのブックがデスクトップに保存されます。

図5-59 保存場所がデスクトップになったら、名前を入力

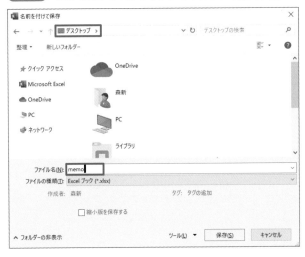

「名前を付けて保存」画面を呼び出す方法や、デスクトップを指定する方法は、エクセルに限らずパワーポイントやワードでも同じです。

ファイル名の付け方

ファイル名の付け方は、組織の習慣や個人の流儀などが反映されがちです。名前の付け方でもっとも多いのは、先頭に「20200706」のような日付を使ったり、番号を振ったりする方法でしょう。

私は、頻繁に使うファイルの名前には、先頭にキーボード上にある英数字を使うようにしています。第5章「9 デスクトップへ移動する」でも説明したように、ウィンドウズでは、ファイルの1文字目が半角英数なら、先頭の文字を入力するだけで、その文字から始まる名前を持つファイルが選択できるからです。たとえば、デスクトップに「memo」というファイルを保存してあったら、デスクトップを表示して［M］キーを押せば、名前が「M」（「m」）から始まるファイルが選択されるわけです。

では、日本語のファイル名だったらどうでしょう。先頭の1文字を入力しただけではファイルを探せません。とは言っても日本の取引先に関連するファイルには日本語の名前を付けたいこともあります。たとえば「森株式会社」という顧客がいたとします。そうすると「森株式会社_見積」のようなファイル名を付けたくなるでしょう。しかし、これでは「森」に変換しないとファイルが探せず不便です。このようなケースでは「M_森株式会社」のように、先頭に半角英数を入れることをお勧めします。こうすれば、「M」を入力してファイルが検索できるようになります。

ここでは、ファイル名についてお話ししてきましたが、フォルダー名でも同じことです。

GOODBYE MOUSE

第 **6** 章

「両手系ショートカットキー」で
「脱マウス」を実現しよう

いよいよ右手が
マウスから離陸

ホームポジションを復習しよう

　ここまでは、1つだけ押すショートカットキーや左手をメインに使うショートカットキーを紹介してきました。右手はマウスに置いて、必要なときはキーと組み合わせてマウスを使うという操作でした。

　ここからは、右手もキーボードに置き、マウスを使わずにキーだけの操作に入ります。まず、右手をキーボードに置いてみましょう。キー操作のホームポジションを思い出してください。右手は矢印キーのところに置きます。左手のほうは、[Ctrl] や [Windows] キー、[Alt] キーの近くに指を置きましょう。

図6-1 ショートカットキー用のホームポジション

左手推奨ポジション　　　　　　　　　　　右手推奨ポジション

画面サイズを変える ショートカットキー

キーボードだけでウィンドウを左右に並べることもできる

　最前面のウィンドウのサイズは、[Windows] と上下左右の矢印キーで変えられます。最初に [Windows] ＋ [→] キーを押してみましょう。最前面のウィンドウが画面の右半分のサイズになります。

図6-2 エクセルのウィンドウを最大化して開いている

↓

[Windows] + [→]

↓

図6-3 ウィンドウが右半分のサイズになった

図では、最大化されたエクセルのウィンドウのサイズが右半分になり、左半分にはデスクトップが見えるようになりました。

　ウィンドウズ10では、複数のウィンドウを開いている状態で［Windows］＋［→］キーを押すと、最前面のウィンドウが右半分になり、キーを離すと同時に、左半分にほかのウィンドウのサムネイルが表示されます。

左半分に並べるウィンドウを選ぶこともできる

　図のようにウィンドウが表示されたら、矢印キーで選択して［Enter］キーを押せば、そのウィンドウを左半分に並べられます。エクセルで作った表をパワーポイントのスライドにコピーするというように、ウィンドウをまたいだ操作に便利な並べ方です。

　ここでは［Windows］＋［→］キーでの動きを紹介しましたが、［Windows］＋［←］キーでも同様です。［Windows］＋［←］キーを押すと、最前面のウィンドウが左半分になります。

　では、［Windows］＋［↑］キーを押すと何が起こるでしょう。これには2つの動きがあります。

　最前面のウィンドウが最大化されていない場合は、［Windows］＋［↑］

キーで最前面のウィンドウを最大化できます。

ウィンドウが右（左）半分の表示になっている場合に［Windows］＋［↑］キーを押すと、最前面のウィンドウが画面の4分の1のサイズになります。

図6-5 **ウィンドウが半分のサイズになっている**

↓

［Windows］＋［↑］

↓

図6-6 **4分の1のサイズになった**

なお、図のように4分の1になったウィンドウで［Windows］＋［↑］キーを押すと、ウィンドウが最大化されます。

3 複数アイテム選択時における キー操作

SECTION

離れたファイルをキーで選択する

エクスプローラーを開いて、複数のファイルを選択したいことがあります。複数ファイルをまとめてコピーや移動をしたり、圧縮したりするようなときです。複数ファイルは、[Ctrl] キーを押しながらクリックしていくと選択できます。この方法で選んでいる人もいるのではないでしょうか。

これをキーだけで行ってみましょう。[Windows] + [E] キーを押してエクスプローラーを起動し、対象のフォルダを開きます。上下の矢印キーでファイルやフォルダが選択できるようになるので、矢印キーを押して1つ目のファイルに移動して、[Ctrl] キーを押すと選択できます。[Ctrl] キーは、これ以降、押したままにしてください。

[Ctrl]

図6-7 1つ目のファイルを選択。[Ctrl] キーは押したままにする

	名前	更新日時	種類	サ
★ クイック アクセス	アーカイブ	2019/12/16 0:03	ファイル フォルダー	
☁ OneDrive	1.xlsx	2019/08/14 8:09	Microsoft Excel ワーク...	
💻 PC	2.xlsx	2019/08/14 8:09	Microsoft Excel ワーク...	
🖧 ネットワーク	3.xlsx	2019/08/14 8:09	Microsoft Excel ワーク...	
	4.xlsx	2019/08/14 8:09	Microsoft Excel ワーク...	
	5.xlsx	2019/08/14 8:09	Microsoft Excel ワーク...	

C:¥Users¥arata¥Desktop¥M_memo
ファイル　ホーム　共有　表示
← → · ↑ 📁 > M_memo >

　次に [Ctrl] キーを押したまま、上下の矢印キーで2つ目のファイルまで
移動し、[スペース] キーを押します。これで2つのファイルが選択できます。
[Ctrl] キーを押したまま、上下矢印キーで目的のファイルまで移動し、[ス
ペース] キーを押すという操作を繰り返すと、さらに選択するファイルを増
やせます。

[Ctrl] + [スペース]

図6-8 複数のファイルを選択できる

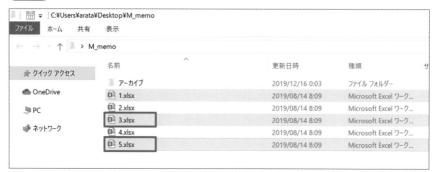

選択の解除も［Ctrl］キーを押したまま［スペース］キーを押すことで行えます。［Ctrl］キーを押したまま上下矢印キーで選択中のファイルまで移動し、［スペース］キーを押してください。これで選択が解除されます。

［Ctrl］＋［スペース］

↓

図6-9 選択が解除できた

　ここではファイルを例として説明しましたが、フォルダーの選択方法も同じです。

　そして、［Ctrl］キーを押したまま矢印キーで移動し、［スペース］キーで選択するという操作は、ファイルやフォルダーだけでなくアウトルックで複数のメールを選択するのにも使えます。

辞書登録

「単語の登録」画面をキーで呼び出す

　頻繁に使用する語句を登録して、変換しやすくするには「単語の登録」画面を使います。この画面を呼び出すキーが［Ctrl］＋［F7］です。これはマイクロソフト IME で有効なキーで、使い方は次のとおりです。

　メールやワードなどで、登録したい語句を入力し、それを選択します。この状態で［Ctrl］＋［F7］キーを押してください。

図6-10 登録する語句を入力して範囲を選択

メール ヒントを現在表示できません。

送信(S)
宛先(T)
CC(C)
BCC(B)
件名(U)

株式会社↵

↓

[Ctrl] + [F7]

↓

図6-11 「単語」欄を確認して「よみ」を入力

単語の登録

単語の登録

単語(D):
株式会社

よみ(R):
かぶ

ユーザー コメント(C):
(同音異義語などを選択しやすいように候補一覧に表示します)

品詞(P):
正しい品詞を選択すると、より高い変換精度を得られます。

◉ 名詞(N)　　　 ○ 短縮よみ(W)
○ 人名(E)　　　 「かぶ」→「株式会社」
　○ 姓のみ(Y)　　「めーる」→「aoki@example.com」
　○ 名のみ(F)　　○ 顔文字(Q)
　○ 姓と名(L)　　○ その他(H)
○ 地名(M)　　　名詞・さ変形動

□ 登録と同時に単語情報を送信する(S)　　＜＜

単語収集へのご協力のお願い

Microsoft は、お客様が送信した単語を統計的に処理し、その結果を基に、より良い製品の開発を目指しています。

[登録と同時に単語情報を送信する] チェック ボックスをオンにして [登録] ボタンをクリックすると、単語登録と同時に登録された単語情報と Microsoft IME の情報が Microsoft に送信されます。チェック ボックスをオフにすれば、データは送信されません。

登録と同時に送信されるデータには、登録された単語の読み、語句、品詞、ユーザー コメント、Microsoft IME のバージョン、辞書のバージョン、使用しているオペレーティング システムのバージョンおよびコンピューター ハードウェアの情報、コンピューターのインターネット プロトコル (IP) アドレスが含まれます。

お客様特有の情報が収集されたデータに含まれることがあります。このような情報が存在する場合でも、Microsoft では、お客様を特定するために使用することはありません。

プライバシーに関する声明を読む(I)

更新情報(U)

ユーザー辞書ツール(T)　　登録(A)　　閉じる

「単語の登録」画面が表示され、「単語」欄に選択した語句が入力されています。「よみ」欄に読みとして使いたい文字を入力し、[Enter] キーを押すと登録できます。図では「かぶ」と入力すると「株式会社」に変換できるように登録しました。

　登録した語句は、今後、変換候補に表示されるので変換時間を短縮できます。先ほど登録した語句で確認してみましょう。

　読みとして登録した「かぶ」を入力して、[スペース] キーを押すと、「株式会社」に変換されます。

図6-12 登録した単語の「よみ」を入力

かぶ↵

↓

[スペース]

↓

図6-13 登録した漢字にすばやく変換できる

株式会社↵

　図の状態で [Enter] キーを押せば、変換を確定できます。「かぶ」と入力して別の漢字、たとえば「下部」に変換したければ、もう一度 [スペース] キーを押すと、ほかの変換候補が表示されます。

5 文字サイズを変更する

SECTION

［＜］で小さく、［＞］で大きくなる

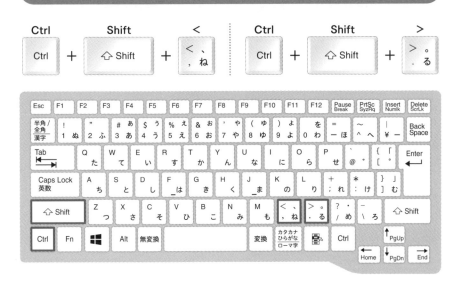

文字のサイズを変える操作は、「フォントサイズ」欄でサイズを選ぶのが一般的ですが、これもキーだけで行えます。この操作が使える主なアプリは、ワード、パワーポイント、アウトルックです。文字の大きさを変えるには、最初に対象の文字を選択します。範囲選択の方法は39ページでも紹介していますが、ここで復習しておきましょう。選択する範囲の先頭（左端）にカーソルを移動し、［Shift］キーを押しながら［→］キーを押して選択していきます。選択する範囲の末尾にカーソルを移動して、［Shift］＋［←］キーで選択してもかまいません。文字を選択したら［Ctrl］＋［Shift］＋［＞］キーを押します。このキーを押すたびに文字が大きくなります。
※本来は［.］キーと表記すべきですが、便宜上［＞］キーとしています。

図6-14 44ポイントの文字を選択

[Ctrl] + [Shift] + [>] を数回押す

図6-15 54ポイントになった

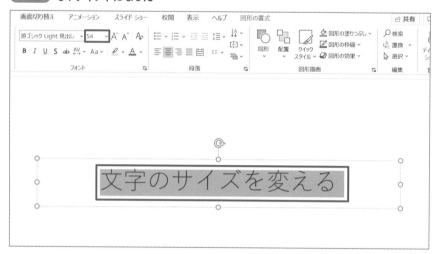

文字を小さくしたいときは、範囲を選択してから［Ctrl］＋［Shift］＋［<］キーを押してください。

図6-16 44ポイントの文字を選択

［Ctrl］＋［Shift］＋［<］を数回押す

図6-17 28ポイントになった

いずれのケースでもサイズは「フォントサイズ」欄の一覧に表示されるサイズに従って変わります。たとえば、ここで使っている「游ゴシック Light」では、「44」ポイントから「48」「54」「60」ポイントのように大きくなり、「40」「36」「32」ポイントのように小さくなります。

COLUMN

ショートカットキー学習が
インターネットに不向きなのはなぜか？

「ネットの検索で十分なのでは？」と、本書を執筆するにあたって、いろいろな人に言われました。ネット検索には、「①存在を知らないものを検索できない」、「②積み上げ型の学習には向かない」という2つの弱点があります。

　それぞれ説明すると、例えば、①はピンポイントスクリーンショットのショートカットキーが存在していると知っていれば、検索して情報を得ることができる。にもかかわらず、それが存在しないというバイアスをもっている場合、ひたすらスクリーンショットのショートカットキーに手間を加えて作業し続けることになってしまうといったことです。一度もってしまったバイアスを破壊し、検索するのは容易ではありません。

　②では、ネット検索の良さでもありますが、結論にたどり着くスピードが極めて速くなります。「なぜこうなるのか？」の部分がないために、暗記型の学習になりがちです。一生モノのスキルである「脱マウス」だからこそ、1つ1つ丁寧に学びを積み上げてほしいという思いを込めながら本書を執筆しました。

形式を選択して貼り付け

「図」や「オブジェクト」などの貼り付け方を選ぶ

　文字やグラフ、図形などをコピーして形式を選んで貼り付けたいことがあります。たとえばエクセルで作成した表をパワーポイントのスライドに貼り付けるときも、図として貼り付ければ、エクセルの書式をそのまま利用できる上に、ほかの人がうっかり編集する心配がありません。一方、エクセルのワークシートオブジェクトとして貼り付けておけば、エクセルで行うのと同じように編集できるので、あとから数値を変えやすくなります。

　このように、目的や状況に応じて貼り付け方を指定したいときは「形式を選択して貼り付け」画面を使います。この画面を表示するキーは［Ctrl］＋［Alt］＋［V］です。エクセルの表をコピーして、パワーポイントのスライドに貼り付けるという場面を想定して操作方法を説明します。

エクセルの表を選択して［Ctrl］＋［C］キーを押してコピーし、次に貼り付け先のパワーポイントのスライドを選んで［Ctrl］＋［Alt］＋［V］キーを押します。［Alt］キーを組み合わせるところが、通常の貼り付け（［Ctrl］＋［V］）との違いです。

［Ctrl］＋［Alt］＋［V］

「形式を選択して貼り付け」画面が表示された

「形式を選択して貼り付け」画面が表示されるので、［Tab］キーを押して、「貼り付ける形式」欄に移動してから、上下の矢印キーで形式を選びます。貼り付ける形式の選択肢は、コピーしたデータ（文字か図形かなど）や貼り付け先のアプリによって異なります。

［Tab］

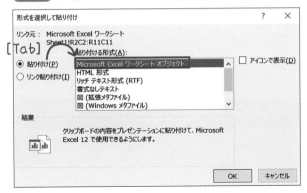

図6-19 矢印キーで貼り付ける形式を選ぶ

図では「Microsoft Excel ワークシートオブジェクト」を選択しています。
次に［Enter］キーを押すと貼り付けられます。

フォルダーパス・ファイルパスのコピー

7
SECTION

［パスのコピー］を含むメニューを表示する

Shift　　　　　　　　アプリケーションキー

　ファイルやフォルダーの保存場所をメモしておきたいときに便利なのがパスのコピーです。**共有ドライブにあるファイルの保存場所をほかの人に知らせたいときも、パスをコピーする操作を知っていると役に立ちます。**

　パスをコピーするには、まず、エクスプローラーで対象とするファイルやフォルダーを選択します。その状態で［Shift］キーを押しながら**アプリケーションキーを押しましょう。アプリケーションキーは絵柄があるだけで文字**が記されていないので、上のキーボードを参考にしてください。

[Shift] ＋アプリケーションキー

↓

図6-20 メニューから［パスのコピー］を選んで［Enter］

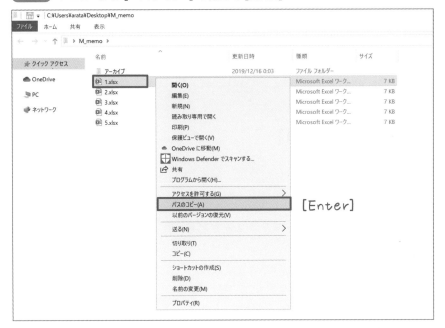

　いつもの右クリックメニューより、少し項目が多いメニューが表示され、その中央付近に［パスのコピー］があるので、矢印キーでこれを選択して、［Enter］キーを押してください。これでパスのコピーができました。なお、OSのバージョンによっては［パスとしてコピー］という表記になっているケースもあります。

　あとは、貼り付け先のアプリの画面を表示して［Ctrl］＋［V］を押せば、貼り付けられます。図ではアウトルックのメール本文に貼り付けています。

↓

図6-21 パスをメールに貼り付けられた

　なお、パソコンによってはアプリケーションキーが存在しないこともあります。この場合はアプリケーションキーのかわりに［Shift］＋［F10］キーを押せば同じメニューを表示できます。

ハイパーリンクの挿入

クリックでファイルやフォルダーを開けるようにする

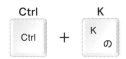

　前項ではファイルやフォルダーのパスをコピーして貼り付けました。それだけでもファイルやフォルダーの位置がわかって便利ですが、「こちら」のような文字をクリックすると、エクスプローラーでファイルやフォルダーの保存場所が開くようにすれば、さらに使い勝手がよくなります。これを実現するには、パスをコピーしたあと「ハイパーリンクの挿入」画面を開いてハイパーリンクを設定します。「ハイパーリンクの挿入」画面は［Ctrl］＋［K］キーで開けます。

　まずは、対象のファイルやフォルダーを選択して［Shift］＋アプリケーションキーを押し、［パスのコピー］を選んでパスをコピーしてください。次にエクセル、パワーポイント、アウトルックなどのアプリでハイパーリン

クを設定する文字やセルなどを選んで［Ctrl］＋［K］キーを押します。

図6-22 リンクを設定する文字を範囲選択

↓

［Ctrl］＋［K］

↓

図6-23 「表示文字列」を確認して、パスを貼り付ける

「ハイパーリンクの挿入」画面が表示されるので、「表示文字列」欄に先ほ
ど選んだ文字が入っていることを確認します。次に「アドレス」欄にカーソ
ルがあることを確認して［Ctrl］＋［V］キーを押すと、コピーしたパスが貼
り付けられます。続いて［Enter］キーを押してください。

[Ctrl] + [V]

[Enter]

図6-24 文字にリンクが設定された

　最初に選択した文字にハイパーリンクが設定されます。この文字をクリック（または [Ctrl] ＋クリック）すると、ファイルやフォルダーが開きます。「ハイパーリンクの挿入」画面を開く [Ctrl] ＋ [K] は、「Link」の「K」と覚えるとよいでしょう。

シート・画面・スライドを切り替える

右隣りや左隣りのタブを選択する

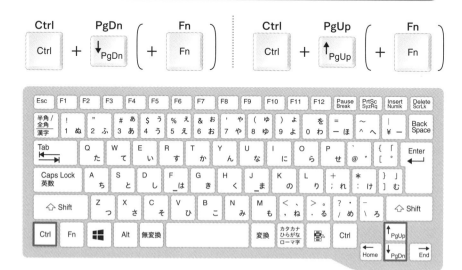

　エクセルのブックに複数のワークシートがあるときやブラウザーで複数の
タブを使って画面を開いているときに、表示するシートや画面を切り替える
ため、マウスでエクセルのシート見出しやブラウザーのタブをクリックして
いる方も少なくはないでしょう。このようなシート見出しやタブをクリック
する操作をキーで行うには、[Ctrl] + [PgDn] または [Ctrl] + [PgUp]
を使います。キーボードによっては32ページの通り [Fn] キーを同時に押
してください。エクセルで、表示するワークシートを切り替える操作を説明
しましょう。図は「Sheet 7」を開いているところです。[Ctrl] + [PgDn]
キーを押すと右隣りの「Sheet 6」に切り替わります。

図6-25 「Sheet 7」を開いている

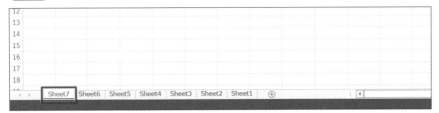

↓

[Ctrl] + [PgDn]

↓

図6-26 「Sheet 6」に移動した

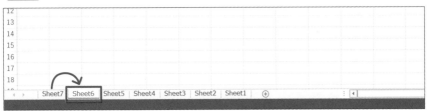

　さらに [Ctrl] + [PgDn] キーを押すと「Sheet 5」が表示されます。また、「Sheet 6」を表示した状態で [Ctrl] + [PgUp] キーを押すと左隣りの「Sheet 7」に切り替わります。

　ブラウザーでも操作方法は同じです。図では「Google」、「Yahoo! JAPAN」、「天気 － Google 検索」の3つのタブを開いており、「Google」の画面を表示しています。ここで [Ctrl] + [PgDn] キーを押すと右隣りのタブの「Yahoo! JAPAN」の画面に切り替わります。

図6-27 左端のタブを開いている

↓

[Ctrl] + [PgDn]

↓

図6-28 右隣りのタブに移動した

　左隣りのタブに移動する方法もエクセルのワークシートの場合と同じで、[Ctrl] + [PgUp] キーを押します。

　[Ctrl] + [PgDn] キー と [Ctrl] + [PgUp] キーは、パワーポイントでも

使えます。スライド編集の領域が選択された状態で［Ctrl］＋［PgDn］キーを押すと、次のスライドへ移動します。

図6-29 **1枚目のスライドを選択中**

［Ctrl］＋［PgDn］

図6-30 **2枚目のスライドに移動した**

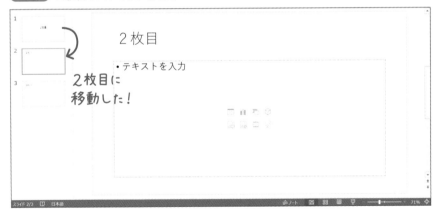

前のスライドに戻りたいときは、［Ctrl］＋［PgUp］キーを押してください。画面左のスライド一覧の欄を選択した状態では、このキーは働きません。キーを押しても表示が変わらなかったら、［F6］キーを押して右側のスライドを編集する領域をアクティブにしてから、［Ctrl］＋［PgDn］や［Ctrl］＋［PgUp］キーを押してください。

リストの展開

履歴の表示にもこのキーを使う

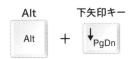

Alt　　　　　下矢印キー

アクセスしたウェブページの履歴の一覧、実行したアプリや開いたファイルの履歴の一覧、あるいはエクセルのフィルター機能のデータ抽出条件の一覧のような、一覧（リスト）を展開するキーがあります。［Alt］＋［↓］キーです。

［Windows］＋［R］キーを押して「ファイル名を指定して実行」画面を表示する操作の説明で、いったん実行したファイル名は履歴として残るので、次からは「名前」欄の履歴から選択できるというお話をしました（125ページ）。この履歴の一覧を表示するキーが［Alt］＋［↓］です。

［Windows］＋［R］キーを押すと「ファイル名を指定して実行」画面が表示され、「名前」欄が選択された状態になっています。そのまま［Alt］＋

［↓］キーを押すとこれまで実行した履歴が表示されるので、上下の矢印キーで目的の履歴を選択し、［Enter］キーを押せば実行できます。

［Windows］＋［R］

図6-31 「ファイル名を指定して実行」の「名前」欄が選択されている

［Alt］＋［↓］

図6-32 「名前」欄に入力した履歴が表示された

　同じように履歴を表示する操作としては、ブラウザーのアドレス欄を選択した状態で［Alt］＋［↓］キーを押すものもあります。こちらは過去にアクセスしたサイト、ページの履歴が表示されます。ただし、直近に開いたページではなく、頻繁に閲覧するサイトだったり、表示中のサイトのなかで過去に閲覧したページだったりします。

さらにエクセルのフィルター機能では、見出しに「▼」が表示されたセルを選択して［Alt］＋［↓］キーを押すと、データを絞り込む条件のリストが表示されます。上下の矢印キーで項目を選び、［スペース］キーを押すとチェックのオンとオフが切り替えられます。（半角入力モード時）

図6-33 エクセルでフィルターを設定したセルを選択

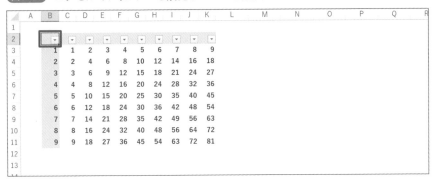

［Alt］＋［↓］

図6-34 条件の一覧が表示される

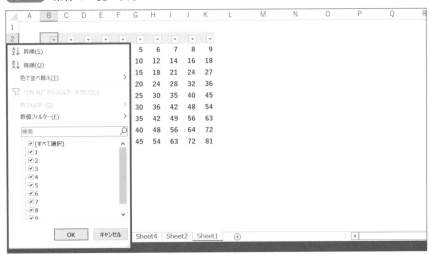

エクセルでは、このほか文字を入力したセルの直下で ［Alt］＋［↓］キーを押すと、同じ列に入力済みの文字がリスト表示され、上下の矢印キーで選択し、［Enter］キーを押すだけで入力できるという機能もあります。

図6-35 入力済みのセルのすぐ下を選択する

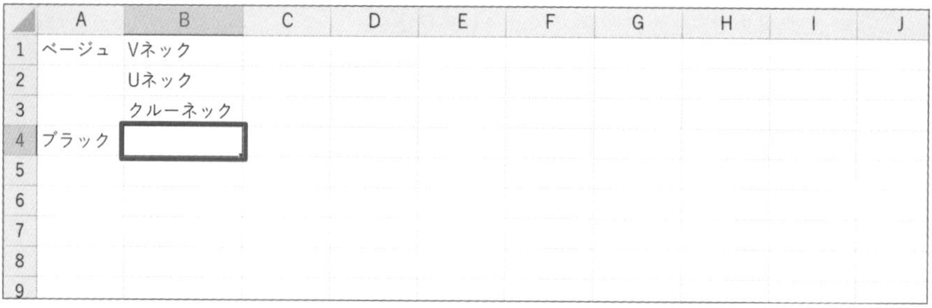

	A	B	C	D	E	F	G	H	I	J
1	ベージュ	Vネック								
2		Uネック								
3		クルーネック								
4	ブラック									
5										
6										
7										
8										
9										

⬇

［Alt］＋［↓］

⬇

図6-36 同じ列に入力されている文字の一覧が表示された

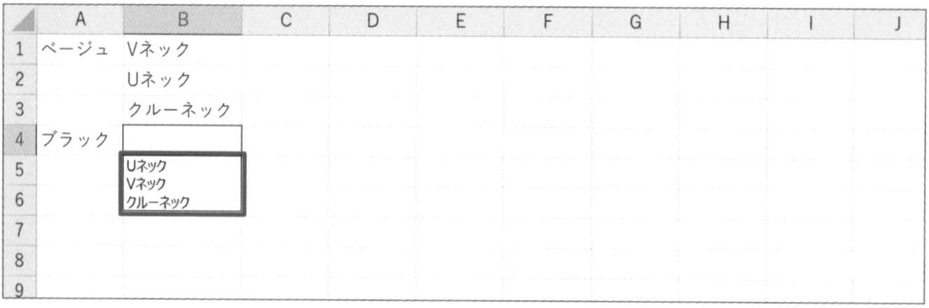

	A	B	C	D	E	F	G	H	I	J
1	ベージュ	Vネック								
2		Uネック								
3		クルーネック								
4	ブラック									
5		Uネック								
6		Vネック								
7		クルーネック								
8										
9										

11 システムトレイにカーソルを移すには？

SECTION

WiFi やスピーカーのアイコンを選択する

　［スタート］ボタンや起動中のアプリのアイコンが表示される帯状の部分を「タスクバー」と呼びます。タスクバーでは［スタート］ボタンと反対側に、「システムトレイ」という日付や WiFi、スピーカーのアイコンなどが並んだ領域があります。WiFi の接続先を変えたりするには、この領域のアイコンを選択しなければいけません。システムトレイに選択を移動するためのキーが［Windows］＋［B］です。このキーを押すと、システムトレイ上のアイコンを順に選択できるようになります。

　たとえば、WiFi の接続先を変えたいときは、［Windows］＋［B］キーを押してシステムトレイに移動し、左右の矢印キーで WiFi のアイコンを選択します。

[Windows] + [B]

↓

図6-37 システムトレイに選択が移動した

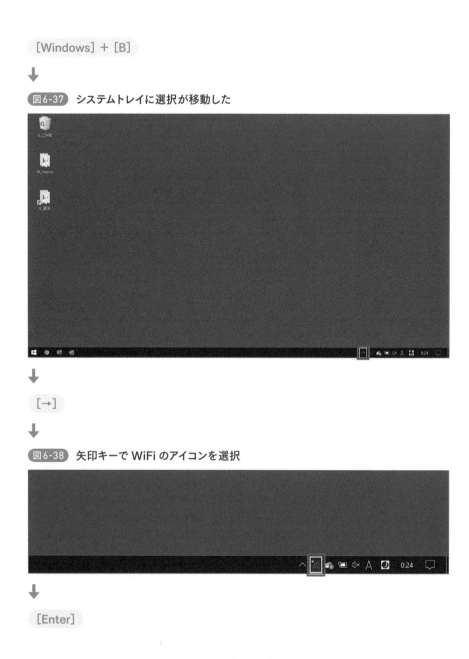

↓

[→]

↓

図6-38 矢印キーで WiFi のアイコンを選択

↓

[Enter]

　WiFi のアイコンが選択できたら [Enter] キーを押すと、WiFi の画面になるので、上下の矢印キーで接続先を選びます。

図6-39 矢印キーで接続先を選ぶ

図6-40 ［接続］を選んで［Enter］キーを押すと接続できる

　［Enter］キーを押すと、図6-40のような接続先の画面になるので、［Tab］キーを何度か押して［接続］を選び、［Enter］キーを押します。

　セキュリティキーの入力が必要な場合は、そのあとに表示される画面で入力してから［Enter］キーを押してください。

[著者]

森新（もり・あらた）

ショートカット・Outlook研究家。
1988年高知県生まれ。北海道大学工学部を卒業後、サントリーフーズ株式会社に入社。サントリーグループ内にて、営業や管理系部門を経て現在新規事業に携わる。自らの働き方改革に取り組むなかで、PCスキル獲得による業務生産性の大幅向上の余地を発見。ライフワークとして研究を重ね、独自にノウハウを蓄積。研究したノウハウをスキルシェアサイト「ストアカ」を通じて発信したところ、個人だけでなく法人からも講演オファーを受ける大人気講師に。最高ランクとなるプラチナバッジを獲得。本書の内容のベースとなるショートカットキーのセミナーの満足度は、97％と極めて高い評価を受けている。また、メディアからの注目度も高く、FNN系列「Live News α」や日本テレビ系列「マツコ会議」など、数々のメディアに取り上げられている。著書に、『アウトルック最速仕事術』（ダイヤモンド社）がある。

脱マウス最速仕事術
——年間120時間の時短を実現した50のテクニック

2020年7月29日　第1刷発行
2023年6月15日　第9刷発行

著　者——森新
発行所——ダイヤモンド社
　　　　　〒150-8409　東京都渋谷区神宮前6-12-17
　　　　　https://www.diamond.co.jp/
　　　　　電話／03・5778・7233（編集）03・5778・7240（販売）
装丁————井上新八
本文デザイン・DTP——岸和泉
編集協力——岡田泰子
製作進行——ダイヤモンド・グラフィック社
印刷・製本——三松堂
編集担当——木下翔陽